中国读书法元典

先正读书诀

周永年 辑
刘国胜 译

山东城市出版传媒集团·济南出版社

图书在版编目（CIP）数据

先正读书诀 / 周永年辑；刘国胜译. — 济南：济南出版社, 2023.2
ISBN 978-7-5488-5441-8

Ⅰ.①先… Ⅱ.①周… ②刘… Ⅲ.①读书方法–中国–古代 Ⅳ.①G792

中国版本图书馆CIP数据核字(2022)第219121号

出 版 人	田俊林
封面绘图	孔维克
责任编辑	范玉峰　董傲囡　尹海洋
装帧设计	胡大伟

一苇
以思启智
一苇以航
a thinking reed

先正读书诀　　周永年　辑　刘国胜　译

出版发行	济南出版社
地　　址	济南市市中区二环南路1号（250002）
发行电话	（0531）67817923　68810229
	86131701　86131704
印　　刷	济南新先锋彩印有限公司
版　　次	2023年2月第1版
印　　次	2023年4月第1次印刷
成品尺寸	150 mm×240 mm　16开
印　　张	13.25
字　　数	80千
定　　价	79.00元

（济南版图书，如有印装质量问题，请与印刷厂联系调换）

周永年小像　孔维克

目 录

前言 / 1

旧序 / 1

一、《先正读书诀》序 / 1 孔宪彝

二、《先正读书诀》序 / 3 王大淮

三、重刻《先正读书诀》序 / 6 阎敬铭

四、重刻《先正读书诀》序 / 7 顾复初

正文 / 1

附录 / 177

《清史稿·周永年》/ 177

章学诚《周书昌别传》/ 179

桂馥《周先生传》/ 189

前　言

清朝乾隆年间，一代大儒、翰林院编修周永年（1730年—1791年）提出"与天下万世共读之"的"儒藏说"，在济南建成"供人阅览传抄，以广流传"的公共图书馆萌芽——藉书园（又作借书园），保存、保护书籍"十万卷"，编订书目惠及济南、北京两地士林，推动了《四库全书》的纂修及文宗阁、文汇阁、文澜阁的设置和开放，被誉为"中国公共图书馆之父"。

为进一步推广阅读，周永年"取自汉以来先儒所传读书之法，编为一集，列于群书之前……凡欲读藏者，即以此编为师"。他从历代前贤著作、文集中，选辑出三百二十七条读书法，编订成《先正读书诀》，"先正"原意是前朝的大臣，泛指前代贤达，"诀"即诀窍、秘诀，"先正读书诀"即前贤读书的秘诀、方法。周永年将前贤的读书秘诀汇编成一本小册子，提倡读书之前，先学读书方法。

读书有法，汇编成册

汉代刘向说："书犹药也，善读之可以医愚。"英国文学家阿道司·伦纳德·赫胥黎也说："每个知道读书方法的人，都有一种可以把他自己放大的力量。"可现实生活中，大部分人穷其一生，都难能窥得读书门径，最终徒劳无功。

我国先秦时期，简帛珍贵，学由师承，《论语》中孔子与"二三子"坐而论道，起而能行，是当时学问的主要传承模式。汉代发明纸张，以书载道，"师儒授受，爰有专门名家，相与守先待后"，"是故书易求而学业亦易成也"。

后来籍册日多，读书却和实践日远，正如刘向《新序》中工匠轮扁所言："夫以规为圆，矩为方，此其可付乎子孙者也。若夫合三木而为一，应乎心，动乎体，其不可得而传者也。"当书本知识不能服务生产、生活，于是"学问衰而流为记诵"。让人痛心的是，即使是"记诵"之学，对于至关重要的读书要诀，以教读为业的私塾先生们也难能倾囊相授，"教者惧其名将跨我，或绝之不使进，或进之而不肯毕示其出入之诀，遂使英俊沮落，迄无成就"。

隋唐时候，读书法开始出现在韩愈等大儒的文集中。宋代的书院教育，重视引导学生自学"四书五经"，读书法被汇编成册，流传较广者如辅广、张洪、齐熙等编辑的《朱子读书法》等。明末清初，绍兴祁承㸁辑《读书训》、池州吴应箕编《读书止观录》、闽县陈梦雷纂《读书纪事》等，以记载前贤勤学掌故、读书趣味为主，也包含了不少读书经验。但这些书籍或为一家之言，或零零散散，杂糅不专，没有对历代前贤的读书、学习心得进行系统的搜集、整理。

周永年博览经史百家，学殖深厚，不仅于藉书园聚书"十万卷"，他在四库全书馆校勘《永乐大典》纂修兼分校官任上，曾"目尽九千巨册，计卷一万八千有余"，几乎以一人之力将一万一千零九十五册、二万二千九十三卷的《永乐大典》通校过一遍。周永年茹古涵今，编订《先正读书诀》，开我国史上系统搜集、整理前贤读书、学习理论的先河。这些前贤包括战国荀卿，唐代韩愈，宋代范仲淹、欧阳修、张载、苏轼、黄庭坚、郑耕老、朱熹、许衡、王应麟，明代宋濂、焦竑，清初钱谦益、黄宗羲、顾炎武、陆世仪、陆陇其、李光地等，所资书目包括《周易》《论语》《孟子》《荀子》《宋学士集》《范文正公遗事》《有学集》《李榕村集》《思辨录》《钝吟杂录》《问学录》等五十六种，经、史、子、集无所不涉。

周永年"学深志广，不屑以词章见"，他"辑书至意"，即通过编辑是书表达己意，强调了为学次第、提要钩玄、由博返约、学以致用等核心阅读思想，还阐发了渐与速、勤与恒、读与诵、整与零、专与博、信与疑、思与悟、学与用等辩证关系，也囊括了静、诚、勤、适、恒、精、思、记、用、行等具体读书要诀。所录朱熹、钱谦益、李光地诸儒的读书要诀，言简意赅，启发性强，且善用生动比喻，阐发简明道理，如李光地强调"精熟一部书"，以带兵、交友作比喻颇有说服力："某谓要练记性，须用精熟一部书之法，不拘大书小书，能将这部烂熟，字字解得，道理透明，诸家说俱能辨其是非高下，此一部便是根，可以触悟他书。如领兵十万，一样看待，便不得一兵之力；如交朋友，全无亲疏厚薄，便不得一友之助。领兵必有几百亲兵死士，交友必有一二意气肝胆，便此外皆可得用。"

周永年首先强调了读经的重要性，正如他在复李宪暠书中说："窃以明中叶以来，学法芜废。或遁于禅玄，或守其固陋，遂无由见古人之大全。有志者果能寻章摘句，用数年工夫读经，则于后来诸书，黑白了然，如登五岳以览中原，而德、言、事功亦可择一途以从事矣。"恰如陆陇其把读经比作"筑室"，"须坚其基址，然后可起楼阁。'五经''四书'皆基址也，时文则楼阁也。"

孔宪彝在《先正读书诀序》中记道："士人读书，必由博反约，博矣而未能约者，非约之难，不善用其博也。经史而外，诸子百家，杂说纷纭，苟无识以主之，将必矜奇好异，泛滥而无所底止。此历城周书昌先生《先正读书诀》之所由作也。"他指出周永年辑书的用意，在于指引读者做书籍的主人，进行主动阅读，亦如书中所辑朱熹名言："以我观书，处处得益；以书博我，释卷而茫然。"美国人莫提默·J·艾德勒、查尔斯·范多伦在《如何阅读一本书》中，也提出检视阅读、分析阅读、主题阅读等科学阅读观点，强调了主动型阅读、非辅助型自我发现学习的必要性。

周永年结集读书诀，还有更深刻的意旨。雍乾时期，对知识分子施行高压政治，经世之学衰微，周永年服膺"先立乎其大"的大体之学，"谆谆于先正读书三致意"，主张做"圣贤路上人"，以道自任，经世致用。他导人端正读书动机，"尽本孔孟之绪论，而上求之经典，复博采唐宋以来诸儒之说。其所以杜卤莽灭裂之弊，可云深切著名矣，学者苟循是而求之，庶几学术正而人心亦正，推之治国平天下，罔弗由之。"周永年认为读书的目的是"识圣贤要旨，味经史精腴，通古今常变，正国家经权"。

具体而言，他彰扬"圣贤之学，不贵能知，而贵能行"，称许"读书做人不是两件事，将所读之书，句句体贴到自己身上来，便是做人的法，如此方叫得能读书人"。他本人发表"与天下万世共读之"的公共图书馆理论——《儒藏说》后，便躬身入局，"区区欲以己之所有公于斯人"，把私家藏书"广之于天下"，创建了我国第一家公共图书馆——藉书园，又编辑《先正读书诀》推广阅读，独步当时，真正是"知行合一"的大儒典范。

"观先生之用心，真欲使天下后世后生小子，咸登道岸，岂徒教人以忠已哉！"——"中国公共图书馆之父"周永年创建藉书园、推广读书法之良苦用心，可鉴也哉！

付梓成书，以广流传

《先正读书诀》原是周永年汇编的读书法笔记，是"先生未成之书"，周永年去世后，主要以钞本形式小范围流传。

道光二十二年（1842年）春，曲阜县令王大淮（字松坡，号海门）之子王鸿（又名王鹄，字子梅，号子梅子）从济南藉书园访得钞本。王大淮如获至宝，"三复之"，感慨"愿承先正之教，而览是书之晚也"，"假年以学，壮悔自嗟，又未得与昔日师友同观而讨论之，感且深焉。""爰与合志者醵金付剞劂，命（儿子鸿）选工校刊，书之流传海内。不仅穷乡僻壤孤无师承者乐奉楷模，凡诵是编，学先民正则，思为有用伟人。"此即《先正读书诀》得以首发之原委。

王大淮初版《先正读书诀》，收录读书法三百二十七条，涉及书目五十六种。虽然保留了周永年所辑读书诀原貌，但"征引时代前后不无参错，且有复出者"。"同治五年（1866年）

王大淮之子王鸿重刊，印行前由阎敬铭删节，保留书目四十四种，语录一百九十二条。"阎敬铭何许人？正是刚平叛了捻军叛乱的山东巡抚，后来官至东阁大学士、户部尚书、军机大臣的"救时宰相"。胡林翼曾赞赏他"居心正大"，"气貌不扬，而心雄万夫"。阎敬铭也是腹载五车的绩学鸿儒，经他删节后的《先正读书诀》不蔓不枝，尽载精金良玉，"其书山左盛行"，在山东地区广为流传。

光绪四年（1878年），周永年玄孙周兆庆在四川做官期间，再次重刻阎敬铭删节过的精华本。

《先正读书诀》精华本后为《丛书集成初编》《灵鹣阁丛书》《中国丛书综录》等收录，又有上海商务印书馆、中华书局等多种版本行世，流布至今一百八十年，被"学士大夫奉为模楷"："读之如对明师，如逢益友，其谆谆教诲之详，可谓进苦口之药石，针害身之膏肓矣。"晚清宿儒宗樱辰甚至为年老才见到《先正读书诀》而抱憾："余愧少读书，少壮蹉跎，未有提策，惜见此书已晚！"

好的读书法是通往读书乐园的门径，不仅可以使读书事半功倍，还能帮我们在坎坷的人生旅程中构筑独有的精神家园，过上富有审美意味的高雅生活。今天，当我们对照前贤读书经验，切己体察知行法门，定会有所启迪、借鉴，哪怕随机读取部分篇章，对我们端正求知态度、开展科学阅读、提高学习效率都大有裨益。

近年来，为保存版本、方便学者查考，有识者出版了两种《先正读书诀》古籍影印本：一种王大淮原本，2015年中共山东省委党校图书馆整理，中华书局出版发行；一种阎敬铭精华本，2018年济南出版社出版发行。但遗憾的是，一直没有面向大众读者的译注版单行本面市。

眼下，"倡导全民阅读，建设书香社会"成为社会各界的共识，而推广读书方法，是开展全民阅读绕不过去的重要工作。习近平总书记"希望全社会都参与到阅读中来，形成爱读书、读好书、善读书的浓厚氛围"，他所指出的"善读书"，就是读书法的推广。《先正读书诀》系我国推广读书方法的开山元典，当下推广全民阅读，普及"善读书"，忽视不得。

译者长期从事"中国公共图书馆之父"周永年的研究工作，致力于中国公共图书馆本土萌芽"藉书园"这一文化IP的创新性发展、创造性转化。2021年秋，细君鞠春静在济南牧牛山下创办实体书店，激励我以阐扬《先正读书诀》破题，光大周永年"与天下万世共读书"遗志。

翌年春，王海先生主持济南市图书馆工作，注意通过创造性保护，发掘古籍的时代价值。他了解到《先正读书诀》系总结我国传统读书方法、治学理论的集大成者之后，力促济南出版社与译者合作，以阎敬铭精华版《先正读书诀》为底本进行译注，出版为普及型单行本，从推广读书法入手，服务全民阅读。

译者早先做过《先正读书诀》译注工作，并通过"藉书园""林汲山房"两个微信公众号向大众传播，也常打印成小册子与朋友分享交流。遂又据清光绪二十一年天津严氏贵阳刻本（济南出版社影印版），对先前译注详加校对，参以道光二十二年王大淮原本、光绪四年周永年玄孙周兆庆重刊本、光绪八年江标刻《灵鹣阁丛书》本，择其文字完备、逻辑合理、语意通顺者而从之。再逐一考证一百九十二条读书诀出处，勘误了出自《荀子》《左编》《宋学士集》《童蒙训》《李榕村集》等原著中的读书诀十余条，最后略加分类，编成一百八十二篇。编译是书过程中，还得到了著名文史学者、点校专家刘书龙诸先生的鼎力相持。付梓前月，刘书龙又示以王余光等译注《读书四观》、王永智等注译《品书奇言》、孙德敦主编《名家藏书（第8卷）》、黄季耕《读写视野》四书。译者参照前辈对《先正读书诀》的校对、译注，得以兼采众长，受益良多。

山东省图书馆勇睿牵参与了此书的部分撰写工作，济南出版社的责任编辑也为此书的编辑倾注了大量心血，中国美术家协会理事、山东画院院长孔维克先生关怀译者研究周永年经年，拙作出版之际，欣然命笔为周永年画像。总此申谢。学无止境，日知所亡；鉴于译者才力有限，谨待读者继续审正。

二〇二二年中秋自序于济南藉书园书店

刘国胜

一、《先正读书诀》序

士人读书,必由博反约,博矣而未能约者,非约之难,不善用其博也。经史而外,诸子百家,杂说纷纭,苟无识以主之,将必矜[1]奇好异,泛滥而无所底止[2]。此历城周书昌先生《先生读书诀》之所由作也。

先生一代名儒,被征为翰林,纂修四库书,其所见书多矣,又尝购书十万卷,筑借书园,祠汉经师,发明[3]源流,以招致来学,其读书之博为何如哉?顾必谆谆[4]于先正读书三致意[5]者,惧后学之无师承,不能由博反约,以底于成也。

今年余游历下,先生曾孙云坡、子完[6]由王海门[7]明府[8]见示此册,敬诵数过[9],其引据经、史、子、集,既该其详,而必精之又精,慎之又慎,诚恐少涉歧途,为误匪浅。先辈之望于后进者,固如是其肫且挚也。世尝有学识异人,望洋自阻,而教者惧其名将跨[10]我,或绝之不使进,或进之而不肯毕示其出入之诀,遂使英俊沮落,迄[11]无成就。此有志者所浩叹也。观先生之用心,真欲使天下后世后生小子,咸[12]登道岸,岂徒教人以忠已哉!王明府将为醵[13]资付梓,余乐观其成而为之序。

道光壬寅秋九月中澣[14]曲阜后学孔宪彝拜读

作 者 孔宪彝（1808年—1863年），字叙仲，号绣山，一号秀珊，山东曲阜人。孔子第七十二代传人。于道光十七年中举，后任内阁侍读。

注 释 [1] 矜：自大、骄傲。

[2] 底止：终止。

[3] 发明：创造性地阐述。

[4] 谆（zhūn）谆：忠谨诚恳的样子。

[5] 三致意：再三表达其意。

[6] 云坡、子完：指周永年的曾孙周如城（号云坡）、周如璧（号子完）。

[7] 王海门：即王大淮（1785年—1844年），字松坡，号海门，天津人，曾官曲阜县令。

[8] 明府：对地方长官的尊称。

[9] 数过：数遍。

[10] 跨：迈步越过，超过。

[11] 迄：始终，一直。

[12] 咸：全，都。

[13] 醵（jù）：凑，聚集。

[14] 中澣（huàn）：也作中浣，古时官吏每月中旬休沐的日子，泛指每月中旬。

二、《先正读书诀》序

淮孟年从阮芸台、唐陶山、汪瑟庵、张古余、程瑶田、张存之诸先生论文，咸慕周书昌太史笃学立品，多藏书，著作必富，惜未一见也。

暨[1]作宰东鲁，与翰风张君、树人徐君，访秘简[2]于藉书园，水竹环碧，缥缃凌云，古香旖旎，弦诵声达户外，登礼堂，肃然敬仰，遗型宛在。子完茂才[3]，太史曾孙也，敦品修行，学有渊源，询知太史著作无稿，余然疑焉。

越十有三年，壬寅春，（儿子鸿[4]）访子完昆仲[5]，得太史手辑《先正读书诀》，余三复[6]之，审[7]太史学深志广，不屑以词章见，其辑书至意，教学苦心，孔君绣山[8]已叙之矣。世之学者，或失疏陋，或失驰骛[9]，或失隐怪而拘迂[10]，矧[11]急功名、营利禄、囿[12]风气、好辨难耶！于戏[13]！读书而能识圣贤要旨，味经史精腴，通古今常变，正国家经权，穷则著为文章，达则政行利济，岂易学哉！岂易学哉！

淮诵习半生，愿承先正之教，而觅是书之晚也！假年[14]以学，壮悔自嗟[15]，又未得与昔日师友同观而讨论之，感且深焉。爰与合志者醵金付剞劂[16]，命（儿子鸿）选工校刊。书之流传海内，不仅穷乡僻壤孤无师承者乐奉楷模，凡诵是编，学先民正则，思为有用伟人，九京可作，太史其庶慰乎！刻既成版，归子完藏之。故识其缘起，并书助资校录姓氏于简端。

道光岁在昭阳[17]单阏[18]如月朔[19]，天津后学王大淮书于历下海右亭中

作　者　王大淮（1785年—1844年），字松坡，号海门，天津人，曾官曲阜县令。《先正读书诀》在他主持下首次付梓。

注　释　[1]暨：到，至。

[2]简：古代用来写字的竹片，泛指书籍。

[3]茂才：秀才的别称。

[4]鸿：即王鸿，又名王鹄，字子梅，号子梅子，王大淮之子，咸丰九年（1859年）任聊城县丞，有《喝月楼诗录》传世。

[5]昆仲：兄弟。

[6]复：重复地看。

[7]审：知道，知晓。

[8]孔君绣山：即孔宪彝，字叙仲，号绣山。

[9]驰骛：指在某个领域纵横自如，有所建树。

[10]拘迂：拘执而迂腐。

[11]矧（shěn）：况且。

[12]囿：局限，拘泥。

[13]于戏：即"呜呼"，感叹词。

[14]假年：假以岁月。

[15]嗟：叹息。

[16]剞劂（jī jué）：雕版，刻书。

[17]昭阳：岁时名，天干中癸的别称，用于纪年。

[18]单阏(chán è):卯年的别称。

[19]如月朔:如月,农历二月的别称。朔,农历每月初一。

三、重刻《先正读书诀》序

《先正读书诀》，历城周书昌先生集也。

自帖括[1]之学兴，而学术失，而治术亦失，盖先正读书之法渺矣。是书荟萃先儒读书之法，颇为救时良剂。前曲阜县令王海门曾为刊版，而毁于火。其子子梅又将鸠赀[2]重刊，以绍[3]先志，请余为序。

原本乃先生未成之书，征引时代前后不无参错，且有复出者，余略为厘正，去其冗长者以归之，愿世之读是书者一留意焉。

同治丙寅春朝邑阎敬铭

作　者　阎敬铭（1817年—1892年），字丹初，陕西人，道光二十五年（1845年）进士，历任户部主事、湖北按察使、山东巡抚等职。后升任户部尚书、军机大臣、东阁大学士等职务，被尊称为"救时宰相"。

注　释　[1]帖括：唐代读书人把经书里难记的句子编成歌诀，以便诵读，后指科举的文字。

[2]鸠赀：也作鸠资，聚集资财。

[3]绍：继承。

四、重刻《先正读书诀》序

长梧子曰："予昔为禾，耕而卤莽之，其实亦卤莽而报予；芸而灭裂[1]之，其实亦灭裂而报予。"夫为禾如此，读书亦岂有异哉？是故泛览博观，涉猎饾饤[2]，昧精义之归宿，失微意之所在，逐末忘本，考衷鲜当，此卤莽之类也。恃其强很，傅会穿凿，逞其矫诬，文奸饰伪，不揆时而度义，或是古而非今，违其经常，陷于非僻，此灭裂之类也。昔者圣门尝论之矣，孔子曰："畏圣人之言。"子夏曰："日知其所无，月无忘其所能。"孟子曰："不以文害辞，不以辞害志；以意逆志，是为得之。"又曰："颂其诗，读其书，不知其人可乎？是以论其世也！"综观诸说，读书义类尽矣！

乾隆时，济南周书昌先生著《先正读书诀》，尽本孔孟之绪论，而上求之经典，复博采唐宋以来诸儒之说。其所以杜卤莽灭裂之弊，可云深切著名矣。学者苟循是而求之，庶几学术正而人心亦正，推之治国平天下，罔弗由之[3]。其书山左盛行，今先生元孙少传[4]大令[5]重刻于蜀，以广其传，嘱余为之序。

余昔闻何子贞世兄称述先生苦志力学，自博反约，为山左诸儒冠，辄心仪之。后与少传尊人、宝传二尹交好，悉其家世，爰撮[6]此书大旨，而序其缘起焉。

光绪四年岁在戊寅七月吴郡顾复初序

作　者　顾复初（1813年—1894年），字幼耕，一作幼庚，号乐余，晚号潜叟，江苏长洲人，是清代寓居蜀地较有代表性的文人、书画家。

注　释　[1] 灭裂：言行粗疏草率。

[2] 饾饤（dòu dìng）：供陈设的食品，比喻堆砌辞藻。

[3] 罔弗由之：没有不遵循它的。

[4] 少传：指周永年玄孙周兆庆，字少传，时任双流知县。

[5] 大令：古代对县官的尊称。

[6] 撮：取、摘取。

★以上四种《序》，均见周永年辑《先正读书诀（及其他一种）》卷首，中华书局，一九八五年新一版。

○○一

初六^①：浚^②恒^③，贞^④凶，无攸^⑤利。《象传》^⑥：浚恒之凶，始求深也。（《周易》）王秋山^⑦曰："初六质柔而志刚。质柔，故昧于远见；志刚，故欲速不达。非急暴而不能恒，则必苟且而不可恒。"（《易解》）

注释

① 初六：卦有六爻，有阴爻和阳爻之分，阴爻用六，阳爻用九。第一爻（最底下的爻）叫初爻，"初六"指初爻是阴爻。

② 浚：挖土。指挖深河道，疏通水流。

③ 恒：长久，持续不断。

④ 贞：占卜。

⑤ 攸：助词，所。用在动词前构成名词性短语。

⑥ 《象传》：对卦辞、爻辞的解释，也称象辞。象传又具体分为大象传（对卦辞的解释）和小象传（对爻辞的解释）。此处是对"初六"爻辞的解释，为小象传。

⑦ 王秋山：沈起元所撰《周易孔义集说》中提到的注解《周易》的人物。沈起元，周永年的恩师。

译文 《周易》有六十四卦，代表六十四种不同的人生境遇。其中第三十二卦为"雷风恒"卦，卦有六爻，第一爻即"初六"爻的爻辞："浚恒，贞凶，无攸利。"意思是持续不断地深挖河道，可能十分凶险，对流水不利。象辞"浚恒之凶，始求深也"的意思，即持续不断深挖河道的凶险，是刚开始就追求深度的缘故。

(《周易》)王秋山解释说:"初六这一爻,本质很柔弱,志气却刚强。本质柔弱,迷糊没有远见;志气刚强,欲速然而不达。不是急切暴躁不能长久,就是苟且敷衍难以永恒。"(《易解》)

○○二

九三[1]:不恒其德,或承之羞,贞吝[2]。《象传》:不恒其德,无所容也。(《周易》)郭白云[3]曰:"过中则不恒,不恒则日入于小人域。"项平甫[3]曰:"无所容者,动静皆不可也。"《观象》[4]:行无常度,则己不安;事无常法,则物不顺。(《易解》)

上六[1]:振[5]恒,凶。《象传》:振恒在上,大无功也。(《周易》)吕东莱[3]曰:"立天下之大功,必悠久胶固,然后能成。若振动躁扰,暂作易辍,安能成功?"(《易解》)

注释 ① 九三、上六:"九三"指第三爻是阳爻;"上六"指第六爻(最上面的爻)是阴爻。
② 吝:羞辱。
③ 郭白云、项平甫、吕东莱:沈起元所撰《周易孔义集说》中提到的注解《周易》的人物。
④ 《观象》:即《周易观象》,清初李光地撰写的易学著作。
⑤ 振:摇动,引申为摇摆不定的意思。

译文 "九三"爻的爻辞:"不恒其德,或承之羞,贞吝。"此处意指不能长久地保持循序渐进读书的美德，或许会蒙受羞辱。"贞吝"，即"占卜为羞辱"。象辞"不恒其德，无所容也"的意思，指不恒久保持循序渐进读书的美德，将来难以在学界立足。(《周易》)郭白云解释说："超过适当的限度就难以持续长久读书，难以持续长久读书，就会沦为学见浅狭的人。"项平甫解释说："难以在学界立足，你的行动、发展必然受限。"《周易观象》则认为："行动没有长久的规则，你就难以心安；做事没有长久的法度，做什么都不会顺利。"(《易解》)

"上六"爻的爻辞："振恒，凶。"此处意指总是摇摆不定，终将一无所成。象辞"振恒在上，大无功也"，指"上六"爻位于卦的最上面，摇摆不定且高高在上，终将毫无建树。(《周易》)吕东莱解释说："想立显于天下的大功，一定要坚定执着，才能成功。如果心浮气躁，摇摆不定，刚开始弄了几下就又停止了、改变了，怎么能成功呢？"(《易解》)

〇〇三

艮①其背②，不获其身，行其庭③，不见其人，无咎④。(《周易》)何元子⑤曰："艮其背，主静之功，学者之事也。人之精神，尽在于面，不在于背，故圣人教之以艮其背，此求止法也。使面之所向，一如其背，则应用

交错，扰扰万端，未始不寂然矣。然而其初未能也，必自艮背而入。"（《易解》）

九三：艮其限⑥，列⑦其夤⑧，厉⑨，薰⑩心。《象传》：艮其限，危薰心也。（《周易》）何元子曰："震性好动，而欲限之使不动，然好动之性，终在妄想坐驰，纡轸⑪内热，薰灼其心。"（《易解》）

六四：艮其身，无咎。《象传》：艮其身，止诸躬也。（《周易》）徐进斋⑤曰："四当心位，不言心者，心不可见。身者，心之区宇⑫也，身止则知心得其所矣。"（《易解》）

兼山⑬，艮。君子以思不出其位。（《周易》）董氏⑤曰："两山并立，不相往来，此止之象。"（《易解》）

注　释　① 艮：止。
② 背：目所不见之处。
③ 庭：庭院，院子，引申为很近的地方。
④ 咎：过失。
⑤ 何元子、徐进斋、董氏：沈起元所撰《周易孔义集说》中提到的注解《周易》的人物。
⑥ 限：腰部。
⑦ 列：通"裂"，撕裂。
⑧ 夤（yín）：通"䈰"，脊椎骨两侧的嫩肉。
⑨ 厉：通"疠"，恶疮。
⑩ 薰：在火上烤。
⑪ 纡轸（yū zhěn）：委屈而隐痛。
⑫ 区宇：殿宇，境域。

⑬ 兼山：此卦由两个艮卦重叠而组成，艮就是山，两山重叠所以称兼山。

译文　在还没看到他的地方就停下来，不去见他；即使已经走到离他很近的地方，也不要去见他。这样就不会有过失。（《周易》）何元子解释说："在还没看到他的地方就停下来，要看安定不动的功夫，这是饱学之士的事。普通人的精气、元神，都在看得见的地方，不在看不见的地方，所以圣人教导说：'艮止之道，必止于未萌之前。'即在还看不见的地方就停下来。如果未萌之前的预判和实际发生的情况相向而行，则应用起来就会交错纷扰，这是未萌之前没做好安定之功。未萌之前没做好安定之功，一定要在未萌之前停下来。"（《易解》）

"九三"爻的爻辞："艮其限，列其夤，厉，薰心。"意指强行止住他扭动的腰，以致他脊椎骨两侧的嫩肉都撕裂了，然后生出恶疮，他躁动的心就像在火上烤一样。象辞解释说："艮其限，危薰心也。"指虽然强行止住他扭动的腰，危险在于他躁动不安的心。（《周易》）何元子认为："他性情躁动，而你却限制他不让他动，他的好动之性，还在妄想驰骋，因为委屈而隐痛燥热，像大火在烧烤他的心。"（《易解》）

"六四"爻的爻辞："艮其身，无咎。"意思是强行停止他的身体，没有错。象辞解释说："强行停止他的身体，让他躬身而敬。"（《周易》）徐进斋解释说："第四爻在此卦心的位置，没有提及心的原因，是心本不可见，而身体是心的宫殿，身体停止了，心也就得其所了。"（《易解》）

此卦由两个艮卦重叠而成，艮就是山，两山重叠所以称兼山，停止的意思。君子所思，不要出位。董氏解释说："两山并立，不相往来，是停止的意思。"（《易解》）

○○四

知止①而后有定，定而后能静，静而后能安，安而后能虑，虑而后能得。（《大学》）

止者，所当止之地，即至善之所在也，知之则志有定向。静，谓心不妄动。安，谓所处而安。虑，谓处事精详。得，谓得其所止。（《朱子章句》）

注释 ① 止："止"字的本义是"足"，引申为"足之所立"，即定位；也可理解为"当止之地"，代表一种境界。

译文 知道要达到的定位或境界，才能坚定志向；坚定志向才能镇静自若；镇静自若才能心安理得；心安理得才能思虑周全；思虑周全才能有所收获。（《大学》）

止，就是应当达到的境界，也就是至善的境界，明白了这一点就是知道了志向所在。静，就是心不妄动。安，就是随遇而安。虑，就是处事考虑周详。得，

指达到了当初想要达到的境界。(《朱子章句》)

〇〇五

致知在格①物。(《大学》)

程子②曰:"格物非欲尽穷天下之物,但于一事上穷尽,其他可以类推。"《朱子语类》:"格物致知,须是大进一番,方始有益。若能于大处攻得破,见那许多零星的,只是这一个道理,方是快活。痛理会一番,如血战相似,然后涵养将去。小立课程,大作功夫。须是一棒一条痕,一掴一掌血。此心入在里面,与他猛滚一番,方是透彻。十事格得九事通透,一事未通透不妨;一事只格得九分,一分不透最不可。凡是不可著个'且③'字,'且'字其病甚多。这一件事理会未透,又理会第二件,第二件又理会未得,又理会第三件,恁地终身,不得长进。欲养其知者,惟寡欲而已。寡欲则无纷扰之杂而知益明;无变迁之患而得益固。穷理以虚心静虑为本。"李延平④先生曰:"为学之初,且当常存此心,勿为他事所胜。凡遇一事,即当且就此事反复推寻,以究其理。待此一事融释脱落,然后循序少进,而别穷一事。如此既久,积累之多,胸中自当有洒然处,非言语文字之所及也。"

注 释 ① 格:探究,推究。
② 程子:对宋代理学家程颢、程颐的尊称。

③ 且：短暂，暂且。

④ 李延平：即朱熹的老师李侗。李侗，字愿中，学者称延平先生。他是程颐的二传弟子，著有《李延平集》四卷。

译　文　　探究事物的原理，从而获得知识和智慧。(《大学》)

程子说："探究事物的原理，不是要把天下所有的事物都研究一遍。不同的事物之理存在共性，认清一件事物的道理，可以类推其他事物的道理。"《朱子语类》指出："探究事物的原理，从而获得知识和智慧，应该取得长足深入的进步，才算有益。如果探究出一个大的原理，再看那些零星的，都是与此相同的原理，那才叫快活。深刻探究事物的原理，就像血战一场，然后再作修养。拟定学习的范围和进程要小，但下的学习、实践功夫要大。要像打人一棍子留一条淤痕、打人一巴掌留一掌血印一样扎实。把心投入其中，与它打成一片、滚作一团，才叫透彻。探究十件事物的原理，有九件弄通透、一件未通透不要紧；但如果一件事只探究出九分原理，还有一分原理没弄透彻，这绝对不行。凡事不能说'姑且'，因为它会带来很多问题。这一件事物的原理还没悟透，又去探究第二件，第二件又没悟透，又去探究第三件，这样一辈子也不得长进。如果要培养知识、智慧，只有清心寡欲才能做到。清心寡欲，没有纷纷扰扰的牵绊混杂其中，认知就更清楚；没有变来变去的隐患，收获就更稳固。

所以探究事物的原理，以虚心静虑为本。"李延平先生曾说："开始学习时，应该常存虚心静虑之心，不要被其他事干扰。遇到一件事，就应当先就此事反复推敲寻思，以探究其中的原理。等把这件事完全搞通透、解决掉了，再循序渐进，再去研究透第二件事。这样时间长了，日积月累，胸中自然洒脱、通透，这种境界不是语言文字能表达的！"

〇〇六

欲速则不达。(《论语》)

譬如十日之程，一二日就要到，必敝①车隤②马伤足，而反不得到矣，故曰"不达"。(《存疑》)

其进锐者，其退速。(《孟子》)

"进锐退速"，其病③正在意气方盛之时，已有易衰之势，不待意气已衰之后，始见其失也。(朱子)

"进锐"如何反"退速"？盖"进锐"不是真心求进，只是个浮气，这个浮气最不可耐久。(《翼注》)

注 释 ① 敝：本意指破旧、破烂，引申为损坏、破坏之意。
② 隤(tuí)：倒下，崩溃。
③ 病：缺点，错误。

译 文 不论做什么事，都要循序渐进。如果违背客观规律一味求快，反而达不到目的。(《论语》)

比如十天的路程，一两天就要到达，必然使车辆损坏、使马匹累坏、使脚掌受伤，反而达不到目的地，所以说"不达"。（《存疑》）

前进太猛的人，后退也很快。（《孟子》）

"前进猛，后退快"，问题在于在意气正旺盛炽烈的时候，就已经有容易衰退的趋势了，不用等到意气衰退以后，就可见到这个问题了。（朱熹）

为什么前进太猛，反而后退也快呢？大概"前进太猛"不是真心求进，只是浮躁之气罢了，这个浮躁之气最不能耐久。（《翼注》）

○○七

思之思之，又重思之。思之不得，鬼神将告之。（《管子》）

译文 思考一遍，思考一遍，再思考一遍。思考不出结果来，鬼神会告诉你答案。（《管子》）

○○八

积土成山，风雨兴焉；积水成渊，蛟龙生焉；积善成德，而神明自得，圣心备焉。故不积跬[①]步，无以至千里；不积小流，无以成江海。骐骥[②]一跃，不能十步；驽马[③]十驾，功在不舍。锲[④]而舍之，朽木不折；锲而不舍，金石可镂。

蚓无爪牙之利、筋骨之强，上食埃土，下饮黄泉，用心一也；蟹六跪而二螯，非蛇、鳝之穴无所寄托者，用心躁也。是故无冥冥⑤之志者，无昭昭⑥之明；无惛惛⑦之事者，无赫赫之功。行衢道者不至，事两君者不容。目不能两视而明，耳不能两听而聪。螣⑧蛇无足而飞，梧鼠五技而穷。《诗》曰："鸤鸠⑨在桑，其子七兮。淑人君子，其仪一兮。其仪一兮，心如结兮。"故君子结于一也。

小人之学也，入乎耳，出乎口；口、耳之间则四寸耳，曷⑩足以美七尺之躯哉？君子知夫不全不粹之不足以为美也，故诵数以贯之，思索以通之，为其人以处之，除其害者以持养之。使目非是无欲见也，使耳非是无欲闻也，使口非是无欲言也，使心非是无欲虑也。(《荀子·劝学篇》)

注 释　① 跬：古称一举足的距离为跬，两举足的距离为步。

② 骐骥：千里马的别称。

③ 驽马：蹩脚马，指资质较差、不出众的马。

④ 锲：雕刻。

⑤ 冥冥：默默用功的样子。

⑥ 昭昭：显著的样子。

⑦ 惛惛：专一的样子。

⑧ 螣（téng）：古代传说一种能飞的蛇。

⑨ 鸤（shī）鸠：古书上指布谷鸟。

⑩ 曷：怎么，何。

译 文　堆积土石成为高山，风雨就兴起来；汇聚河流成为深渊，蛟龙就产生了；积累善行养成美德，就会拥有高深的智慧，也就拥有了圣人的境界。所以不积累一脚脚的行程，就没办法到达千里；不积累细小的水流，就不可能汇成江海。骏马一跃，不足十步；劣马走十天，也能赶上良马走的路程，因为它能不停地走。雕刻几下就停了，腐烂的木头也刻不断。不停地雕刻，金石也能刻成功。蚯蚓没有锐利的爪牙、强健的筋骨，却能向上吃泥土，向下喝泉水，这是它们用心专一的缘故。螃蟹有六条腿和两只钳子，没有蛇、鳝的洞穴就无处栖身，这是因为它们用心浮躁。所以，没有默默用功的意志，就难以取得显著成绩；没有专心苦干的实践，就难以取得巨大成功。在歧路上行走到达不了目的地，同时为两个君主效力，谁都没法容忍他。眼睛不同时看两样东西才能看清楚，耳朵不同时听两种声音才能听清楚。螣蛇没脚但能腾空飞起，鼫鼠有四肢加尾巴五个能运动的肢体还是陷入困境。《诗经》说："布谷鸟筑巢桑树上，喂养七子不慌张。品行美好的君子们，行为专一不偏邪。行为专一不偏邪，意志才如磐石坚。"所以君子的意志，必须始终专一。

小人学习，从耳朵听从嘴巴出，一入一出相距不过四寸，怎么能够陶冶他的七尺之躯呢？君子知道学得不全不精就不完美，所以反复诵读以求融会贯通，通过思考研究去理解，学习良师益友来实践，改掉自己的错误来保持。使眼非此不看，耳非此不听，口非

此不说，心非此不想。(《荀子·劝学篇》)

〇〇九

将以穷无穷、逐无极与？其折骨、绝①筋，终身不可以相及也；将有所止之，则千里虽远，亦或迟或速，或先或后，胡为乎其不可以相及也？……故跬步而不休，跛鳖千里……一进一退，一左一右，六骥不致。彼人之才性之相悬也，岂若跛鳖之与六骥足哉？然而跛鳖致之，六骥不致，是无他故焉，或为之，或不为之耳！道虽迩②，不行不至；事虽小，不为不成。其为人也多暇日者，其出入不远矣。(《荀子·修身篇》)

注 释 ① 绝：断。
② 迩：近。

译 文 要穷尽无穷的路程，追逐没有尽头的目标吗？就是折了骨头，断了筋腱，一辈子也追不上千里马。如果有终点，则千里虽远，有的快有的慢，有先到有后到，劣马怎么会赶不上千里马呢？……所以一脚一脚不停地走，一只瘸腿鳖也能至千里……一会儿进一会儿退，一会儿左一会儿右，六匹千里马也到不了目的地。那人的才能、本性的悬殊，难道像一只瘸腿鳖和六匹千里马的差距那么大吗？但一只瘸腿鳖能到达目的地，六匹千里马却不能到达，这没有其他的原因，有人去做,有人不去做罢了!路程虽近,不走当然到不了;事情虽小,不做当然做不成。那些空余时间很多的人,他们是没多大成就的。(《荀子·修身篇》)

〇一〇

今夫弈之为数①,小数也,不专心致志,则不得也。弈秋,通国之善弈者也。使弈秋诲二人弈,其一人专心致志,惟弈秋之为听;一人虽听之,一心以为有鸿鹄将至,思援弓缴②而射之。虽与之俱学,弗若之矣。为是其智弗若与?曰:非然也。(《孟子》)

注释 ① 数:技艺。
② 缴(zhuó):拴在箭上的细绳,代指拴有细绳的箭。

译文 下棋作为技艺,可谓雕虫小技,可你不专心致志,也学不好。弈秋,是全国最擅长下棋的人。让弈秋教两个人下棋,其中一人专心致志,一心只听弈秋讲授;另外一人虽也在听,却一心以为有鸿鹄要来,盘算拿弓箭去射它。虽然他与另一人在同时学习,却不如另一人学得好。是因为他的智商不如另一人吗?答:当然不是啊!"(《孟子》)

〇一一

流水之为物也,不盈科①不行。(《孟子》)

注释 ① 科：通"窠"，洼地。

译文 流水这个东西啊，不把坑坑洼洼填满不会继续前行。读书应该像流水那样，要脚踏实地，循序渐进。(《孟子》)

〇一二

先生口不绝吟于"六艺"之文，手不停披于百家之编。记事者必提其要，纂言①者必钩其玄。贪多务得，细大不捐。……沉浸醲②郁，含英咀华③，作为文章，其书满家。上规姚姒④，浑浑无涯；周《诰》殷《盘》，佶屈聱牙⑤；《春秋》谨严，《左氏》浮夸；《易》奇而法，《诗》正而葩；下逮⑥《庄》《骚》，太史所录；子云⑦、相如，同工异曲。(韩文)

愈于进士中粗为知读经书者，一来应举，事随日生，虽欲加功，竟无其暇。游从⑧之类，相熟相同，不教不学，闷然不见已缺，日失月亡，以至于老，所谓无以自别于常人者。每逢学士真儒，叹息踧踖⑨，愧生于中，颜变于外，不复自比于人。(韩文)

注释 ① 纂言：撰述。
② 醲（nóng）：味浓烈的酒。
③ 含英咀华：口中含着花细细咀嚼。
④ 姚姒：舜为姚姓，禹为姒姓，代指舜禹。

⑤ 佶（jí）屈聱牙：佶屈，曲折；聱牙，拗口，不顺嘴。
⑥ 逮：到达。
⑦ 子云：扬雄，字子云，汉代辞赋家。
⑧ 游从：结交的人。
⑨ 踽踽（jú jí）：形容谨慎恐惧的样子。

译文　　您口中不停地诵读"六经"的文章，两手不断地批阅着诸子百家的书籍。对记事类一定总结纲要，对撰述类一定要解读深意。您广泛学习，务求有所收获，不管重要的、不重要的都不舍弃。……您的心神沉浸在典籍的书香里，细细琢磨领会文章的精华。写起文章来，书卷堆满了家。向上效法舜禹时代的典章，深远博大得无边无际；周代的诰书和殷代的《盘庚》，多么艰涩、拗口；《春秋》的严谨，《左传》的浮夸；《易经》的神奇有法，《诗经》的思正辞美；直到《庄子》《离骚》和《史记》，扬雄、司马相如的作品，有异曲同工之妙。（选自韩愈的文章）

　　韩愈在进士中，算是知道读经的。但应举以来，事情一天天多起来，虽然想再用功，但没有空闲了。和日常结交的朋友，越熟悉越相同，互相不教不学，不知不觉间看不到自己的缺陷，一天天一月月地老了，最后和常人无异。每次碰到学士真儒，只能自叹弗如，谨慎以待，心生惭愧，表情难堪，已经不好跟他们比了。（选自韩愈的文章）

〇一三

阳亢宗①好学,贫不能得书,求隶②集贤院,窃院书读之。昼夜不出户六年,学无不通。(《顺宗实录》)

注 释 ① 阳亢宗:唐德宗时期的一名官吏,姓阳,名城,字亢宗。
② 隶:当差,供职。

译 文 阳亢宗十分好学,但家贫没有书读,在集贤院求得一份差事,偷偷在院中读书。整整六年日夜不出门,最终在学问上无所不通。(《顺宗实录》)

〇一四

君少不喜书,年已壮①,犹不知书,始大发愤。谢其素所往来少年,闭户读书,为文词。岁余举进士,再不中,退而叹曰:"此不足为吾学也。"悉取所为文数百篇焚之,益闭户读书,绝笔不为文辞者五六年,涵蓄充溢,抑而不发。久之慨然曰:"可矣!"由是下笔,顷刻数千言,其纵横上下,出入驰驱②,必造于深微而后止。盖其禀之厚,故发也迟,志也悫③,故得之精。自来京师,一时学者皆尊其贤,学其文以为师法。以其父子俱知名,故号"老苏"以别之。(欧公④《苏明允⑤墓志》)

注释 ① 壮:可以娶妻生子、成家立业的年龄。

② 驰驱：驰骋。
③ 悫（què）：诚实，笃实。
④ 欧公：欧阳修，字永叔，号醉翁，宋代文学家、政治家。
⑤ 苏明允：即苏洵，字明允，苏轼、苏辙之父。

译文　　苏洵年少时不喜欢读书，到了可以娶妻生子、成家立业的年龄，才发奋图强。不再和日常交往的少年们来往，闭门读书，作辞令文章。一年多以后，考了两次进士都没考中，回来叹息说："看来科举不值得我去学习啊！"于是把以前写的几百篇文章都烧掉，进一步在家闭门读书，有五六年时间，他只读书不写文章，只作深厚积累，却抑制不发。过了很长时间，苏洵很感慨地说："好了，可以写文章了！"于是下笔，一会儿就能写数千字，上下纵横，出入驰骋，直到把一个问题分析透彻才算完。可能因为苏洵禀赋深厚，所以发育迟缓，但他意志坚厚，所以能悟得书中精华。自从来到京城以后，当时的读书人都尊重他的才能和品德，学习他的文章并将其遵为典范。因为苏洵和他的两个儿子苏轼、苏辙都很有名，所以叫苏洵为"老苏"，以便区别他们。（欧阳修《苏明允墓志》）

〇一五

学必量力，量力故能久。（邵子①《皇极经世·外篇》）

注释 ① 邵子：即邵雍，字尧夫，与周敦颐、张载、程颢、程颐并称"北宋五子"。

译文 学习一定要量力而学，量力而学才能持久。（邵雍《皇极经世·外篇》）

〇一六

不必计较迫切，但措其心于中和平正之地，而深以义理灌溉培养之，自然日有进益。不然，则存养①讲习②之功，未及一二，而疑悔劳殆③之病，已夺其千百矣。读书只且立下一个简易可常的课程，日日依此积累工夫，不要就生疑虑，既要如此，又要如彼，枉费思虑言语，下梢④无到头处。昔人所谓多歧⑤亡羊者，不可不戒也。（朱子）

注释 ① 存养：存心养性。
② 讲习：讲授和学习。
③ 殆：危险。
④ 下梢：结果，结局。
⑤ 歧：岔路。

译文 不必计较学得快慢，不要着急，把心态调整到中和、平正的境界，而用文章的内容和道理深刻地灌溉培养自己，自然一天天有进步。不然，存心养性、讲授学习的功夫，还没达到一二，而怀疑后悔、劳累危险的病痛,已经积累到千百了。读书,只要立下一个简单日常的课程,天天遵循它慢慢积累,不要疑虑,既要这样,又要那样,白费心思、言语,到头来没有结果。过去人们所谓走上了岔路,等出了事才想办法补救,不可不戒啊!(朱熹)

〇一七

三哥年长,不可自比儿童,虚度时日。逐日早起,依本点《礼记》《左传》各二百字,参以释文,正其音读,俨然端坐,各诵百遍。讫,诵《孟子》三二十遍,熟复玩味。讫,看史数版(不过五六),反复数遍(文词通畅,议论精密处,诵数过为佳)。大抵所读经史,切要反复精详,方能渐见旨趣①。诵之宜舒缓不迫,字字分明。更须端庄正坐,如对圣贤,则心定而义理②易究。不可贪多务广,涉猎卤莽,看过了便谓已通。小有疑处,即便思索,思索不通,即置小册子,逐日钞记,以时省阅,俟归③日逐一会理,切不可含糊护短,耻于咨问,而终身受此黯暗④以自欺也。又置簿记逐日所诵说起止,以俟归日稽考⑤。起居坐立,务要端庄,不可倾倚,恐至昏怠;出入步趋⑥,务要凝重,不可慓轻,以害德性。以谦逊自牧,以和敬待人。凡事切须谨饬,无故不须出入。少说闲话,恐废光阴;勿观杂书,恐分精力。早晚频自点检所习之业,每旬⑦休日,

将一句内书温习数过，勿令心少有放佚，则自然渐近道理，讲习易明矣。（朱子）

注释 ① 旨趣：指主要目的和意图。
② 义理：指内容和道理。
③ 归：总结。
④ 黯暗：暗昧不明。
⑤ 稽考：查考。
⑥ 步趋：行走。
⑦ 旬：十天为一旬。

译文 三哥年龄大了，不能和小儿童一样虚度时日了。每天早起，按次序点出《礼记》《左传》各两百字，参考释文，纠正读音，严肃端坐，各朗诵百遍。这些结束后，朗诵《孟子》二三十遍，烂熟后再细心体会其中意味。这些结束后，再看几页历史（不超过五六页），反复数遍（把文章读通畅，议论精密的地方，最好朗诵数遍）。大概阅读经书、史书时，一定要反复精详，才能渐渐了解主要目的和意图。朗诵应该舒缓，不要急迫，做到字字分明。更要端庄正坐，如同面对圣贤，把心安定下来，更容易明白其中的内容和道理。不能贪多务广，随便涉猎，看过了就说已经精通了。如果有小疑问，即使思考还是思考不通，便拿小册子一天天记下来，以便经常复习翻阅，等到总结时一个一个解决，切不可含含糊糊，放过短处，羞于请教咨询，而致终生暗昧不明，自欺欺人。还要用本记下每天所诵内容的起止，等到总结时查考。起居坐立，一定要端庄，不能倾斜依靠，这样恐怕会造成昏昧懈怠；出入行走，一定要端庄，不能轻浮以免伤害德性。以谦逊自我要求，以和敬对待他人。凡事一定要谨慎整肃，无故不要随便出入。少说闲话，因为这样恐怕浪费时间；不要看闲书，因为这样恐怕分散精力。早晚经常检查所习功课，每十天一个休息日，将十天内的书复习几遍，不要让心思稍有放纵。那么按照自然渐进的道理，讲授和学习也就容易明白了。（朱熹）

〇一八

看《大学》须是更将大段分作小段，字字句句，不可容易放过。常时暗诵默记，反复研究。未上口时，须教上口①；未通透时，须教通透；已通透后，便要纯熟，直待不思索时，此意常在心胸之间，驱遣②不去方是。此一段了，又换一段看。令如此数段之后，心安理熟，觉工夫省力时，便渐得力也。近日看得朋友间病痛尤更亲切，都是贪多务广，匆遽涉猎。所以凡事草率粗浅，本欲多知多能，下梢一事不知，一事不能；本欲速成，反成虚度岁月。但能反此，如前所云，试用岁月之功，当自见其益矣。（朱子）

注释 ① 上口：诵读诗文至纯熟，能脱口而出。

② 驱遣：赶走。

译文　　学习《大学》这本书，应该将大段分成小段，一字一句，不能轻易放过。平时暗诵默记，反复研究。还不能脱口而出时，先做到脱口而出；还没能理解通透时，一定要理解通透；理解通透后，就要背诵得滚瓜烂熟，直到不假思索，心里就能完全明白它的意思，赶都赶不走它才是。这一段结束了，再换一段看。这样数段之后，做到心安理熟，感觉省时省力时，也就渐渐得力了。近日看朋友们学习的问题看得更清楚了，都是贪多务广，匆忙涉猎。所以凡事草率粗疏，本来打算多获取知识和能力，最终却一事不知，一事不能；本来想速成，反而成了虚度岁月。只要能不急于求成，如我前面所说的那么做，尝试花费较多时间精力，应该自己就能见到它的好处啦！（朱熹）

○一九

读书之法，须是从头至尾逐句玩味。看上字时，如不知有下字；看前句时，如不知有后句。看得都通透了，又却从头看此一段，令其首尾通贯。然方其看此段时，亦不知有后段也。如此渐进，庶几①心与理会，自然浃洽②，非惟会得圣贤言语意脉不差，且是自己分上身心义理，日见纯熟。若只如此匆匆检阅一过，便可随意穿凿，排布硬说，则不惟错会了经意，于己分上亦有何干涉邪？且如看此幅

纸书，都不行头直下看至行尾，便只作旁行横读将去，成何文理？可试以此思之，其得与失，亦不难见也。（朱子）

注　释　① 庶几：表示希望的语气词，或许可以。
　　　　② 浃洽：融会贯通。

译　文　　读书的方法，应该是从头到尾一句一句地细心体会其中意味。看上一个字时，好像不知道有下个字；看前一句时，好像不知道有后一句。字句都看明白了，再从头看这一段，让它首尾贯通起来。但看此段时，也好像不知道有后段一样。如此循序渐进，心与理相领会，自然就融会贯通了。不仅要正确领会圣贤的言语意思，还要自己用身心验证义理，一天天地纯熟。若只如此匆匆读过一遍，随意穿凿附会，摆布硬说，则不仅错误领会了经书的意思，对自己的身心又有何帮助呢？就像看一封信件，都不从行头往下看到行尾，便当作旁行横读过去，能成什么文理呢？可以试着以此考虑其中得失，也就不难发现问题了。（朱熹）

○二○

杂然进之而不由其序，譬如以枵然①之腹，入酒食之肆，见其肥羹②大胾③、饼饵④胵⑤脯⑥，杂然于前，遂欲左拿右攫⑦，尽纳于口，快嚼而亟吞之，岂不撑肠挂腹，而果然一饱哉？然未尝一知其味，则不知向之所食者果

何物也。（朱子）

注释 ① 枵（xiāo）然：虚大的样子。
② 羹：用蒸、煮等方法烹制的带汤汁食品。
③ 胾（zì）：切成的大块肉。
④ 饵：米饼。
⑤ 脍（kuài）：切得很细的鱼或肉。
⑥ 脯（fǔ）：肉干。
⑦ 攫（jué）：抓取。

译文 乱七八糟地进食而不讲究顺序，好像是带着一个虚空的肚子，走进酒食之店，见有肥汤大肉、米饼肉干，胡乱摆在面前，于是左拿右取，都填到嘴里，快嚼急吞，难道不也可以撑起肠胃，将肚子填饱吗？但未尝品出它的味道，不知刚才吃的是什么东西。（朱熹）

〇二一

须是且看一书，一日只看一两段，俟①其通透浃洽，然后可渐次而进也。（朱子）

注释 ① 俟（sì）：等待。

译文 应该是只看一本书，一天只看一两段，等到理解通透、融会贯通了，然后可以循序渐进了。（朱熹）

○二二

与长子受之①曰：大抵只是"勤""谨"二字，循之而上有无限好事，吾虽未敢言，而窃为汝愿之；反之而下，有无限不好事，吾虽不欲言，而未免为汝忧之也。盖汝若好学，在家足可读书作文，讲明义理，不待远离膝下，千里从师。汝既不能如此，即是自不好学，已无可望之理。然今遣汝者，恐汝在家汩②于俗务，不得专意。又父子之间，不得昼夜督责，及无朋友闻见，故令汝一行。汝若到彼，能奋然有为，力改故习，一味勤谨，则吾犹有望。不然，则徒劳费，只与在家一般，他日归来，又只是旧时伎俩人物，不知汝将何面目归见父母、亲戚、乡党、故旧耶？念之念之，"夙兴夜寐，无忝尔所生"。在此一行，千万努力。（朱子）

注释 ① 受之：即朱熹的大儿子朱塾，字受之。
② 汩：搅乱，扰乱。

译文 朱熹跟大儿子朱塾说：大概只是"勤""谨"两个字，遵循它，努力向上会有无限好事，我虽然不敢说，而私下里希望你这样；不遵循它，自甘堕落会养成无限恶习，我虽然不想说，却未免为你担心。如果你爱好学习，在家也可读书作文，弄懂文章的内容和道理，不用远离父母，千里迢迢地去跟老师学习。你既然不能如此，就是不爱好学习，我也不指望你懂得此理。

但现在让你外出从师的原因,是担心你在家为俗务纠缠,不能专心学习。而且父子之间,我也不愿意日夜督促责备你。还有,在家里也没朋友和你一起论学问、长见识,所以让你出去走走。你要到了那里,能奋发有为,用心改掉以前的坏习惯,一心勤奋、谨慎,那么我对你还抱有希望。若非如此,还是徒劳费力,和在家里一样,改天回来,还是像从前一样的浅薄人物,不知你将用什么脸面来见你的父母、亲戚、同乡和老朋友呢?记住啊记住,"勤奋学习,不要愧对父母"。这一次出行,千万要努力啊!(朱熹)

〇二三

大抵观书先须熟读,使其言皆若出于吾之口;继以精思,使其意皆若出于吾之心,然后可以有得尔。至于文义有疑,众说纷错①,则亦虚心静虑,勿遽②取舍于其间。先使一说自为一说,而随其意之所之③,以验其通塞,则其尤无义理者,不待观于他说而先自屈矣。复以众说互相诘难,而求其理之所安,以考其是非,则似是而非者,亦将夺于公论而无以立矣。大抵④徐行却立⑤,处静观动,如攻坚木,先其易者,而后其节目⑥;如解乱绳,有所不通,而徐理之。此读书之法也。(朱子)

注 释 ① 纷错:纷繁错杂。

② 遽（jù）：仓促。
③ 所之：顺着文章的思路去思考。
④ 大抵：大多。
⑤ 却立：后退站立。
⑥ 节目：木头节子。

译 文　　读书大概应该先读熟，使书中的语言好像都出自我口；接着精思，使书中的意思好像都出自我心，然后就可以有所收获了。至于文义有疑义，众说纷纭，也应该虚心静虑，不要仓促在其中取舍谁对谁错。先自己预设一种观点，然后沿着文章的思路思考，来验证它是通是堵。那么那些特别没道理的说法，不等和别的说法比较，就已经自己屈服了。再用大家的说法互相反驳，寻求道理是否稳妥，以考证它的正误，那么貌似对、其实错的，也将被大家承认的说法所否定而不能成立了。一般情况下，慢慢行走，退一步站住，用安静的状态来观察动态，如钻坚硬的木头，要先钻它容易钻的地方，再钻它的节子；如解杂乱的绳子，有解不开的地方，就先放一放慢慢处理它。这就是读书之法。（朱熹）

○二四

读《诗》正在于吟咏讽诵①，观其委曲折旋之意，如吾自作此诗，自然足以感发善心。今公读《诗》，只是将己意去包笼他，如做时文相似，中间之意，尽不曾理会得，济得甚事？若如此看，只一日便可观尽，何用逐日只揞得数章，而又不曾透彻耶！且如人入城郭，须是逐街坊里巷、屋庐台榭、车马人物，一一看过方是。今公等只是外面望见城是如此，便说："我都知得了！"（朱子）

注释 ① 讽诵：抑扬顿挫地诵读。

译文 读《诗经》在于将其唱出来、朗诵出来，看它曲折回旋的意味，好像我自己作了这首诗，自然足以引发自我的情感认同。今天你读《诗经》，只是用你自己的意思去领会它，好像作流行的文章一样，中间内含的意思，都不曾理解悟得，这管什么事呢？如果像你这样看，只要一天就能看完《诗经》，何必一天只看数章，而又不曾领会透彻？好比人进入城市，应该逐个街坊里巷、屋庐台榭、车马人物，一一看过才是。今天你等只是在外面望见城里这样，便说："我都知道了！"（朱熹）

〇二五

大凡读书多在讽诵中见义理，况《诗》又全在讽诵之功，所谓"清庙之瑟，一唱而三叹"，一人唱之，三人和之，方有意思。如今诗曲若只读过，也无意思，须是歌唱起来，方见好处。因说读书须是有自得处，到自得处说与人也不得。如熹旧读"仲氏①任②只，其心塞渊。终温且惠，淑慎其身。先君之思，以勖寡人"，"既破我斧，又缺我斨③。周公东征，四国是皇。哀我人斯，亦孔之将"，伊尹曰："先王肇修人纪，从谏弗咈④，先民时若⑤。居上克⑥明，为下克忠，与人不求备，检身若不及，以至于有万邦，兹惟⑦艰哉"，如此等处，直为之废卷慨想而不能已。觉得朋友间看文字，难得这般意思。熹二十岁前后，已看得书大意如此，如今但较精密。日月易得，匆匆过了五十来年。（朱子）

注　释　① 仲氏：指家中的老二。
② 任：诚信。
③ 斨（qiāng）：古代的一种斧子。
④ 咈（fú）：违背。
⑤ 时若：四时和顺。
⑥ 克：能够。
⑦ 惟：加重语气的语气词。

译　文　大概读书都在吟咏朗诵中识其内容和道理，何况《诗经》又完全在于抑扬顿挫地吟咏朗诵，所谓"清庙之瑟，一唱而三叹"，一人歌唱，三人帮腔，才有意思。如今的诗歌曲词如果只是读过，也没什么意思，应该歌唱起来，才能懂得其中的妙处。说读书应该有自己独到的心得体会，这种心得体会甚至没法说给别人。比如我以前读"二妹人诚信，思虑周而深。温和又贤惠，善良还谨慎。常念我父王，叮咛我耳旁"，"我斧已残破，我斨又损伤。周公去东征，四国很恐慌。可怜我们啊，命大未阵亡"。伊尹说："从咱们商朝的开国君主成汤开始制定人们立身处世的道德规范，听从大臣的规劝从来不违背，遵从先贤的训诫，四时都和顺。在上位者能够明察下情，在下位者能够对上竭诚。对别人不求全责备，对自己则严格约束，以至于拥有天下万邦，能如此自立于世实在是不容易啊！"读到诸如这些地方，我都放下书本，感慨万端，不能自已。觉得朋友之间看到这些文字，难以有我体会到的意思。我二十岁左右，就已经看得书中的这些大意，如今就更精密了。岁月易逝，已经匆匆过了五十多年。（朱熹）

○二六

以我观书，处处得益；以书博①我，释卷而茫然。（朱子）

注　释　① 博：使通晓，使明白，教育的意思。

译　文　我发挥主观能动性读书，处处受益；让书来扩大、丰富我的知识，放下书我就感到茫然。（朱熹）

○二七

昔陈烈①先生苦无记性，一日读《孟子》至"求其放心"一章，曰："我放心未收，如何读书能记？"乃独处一室，静坐月余，自此读书无遗②。（朱子）

注释 ① 陈烈：宋代名士，与陈襄、周希孟、郑穆并称"海滨四先生"。
② 遗：遗漏，遗忘。

译文 以前陈烈先生因为记忆力差而苦恼，有一天读到《孟子》"求其放心"这段话，说："我没把丢失的本心找回，读书怎么能记得住呢？"于是单独把自己关在一间小屋里，静坐了一个多月，从此读书没有背不过的了。（朱熹）

○二八

张敬夫①尝言："平生所见王荆公②书，皆如大忙中写，不知公安得有如许忙事。"此虽戏言，然实切中其病。今观此卷，因省平日得见韩公③书迹，虽亲戚卑幼，亦皆端严谨重，略与此同，未尝一笔作行、草势，盖其胸中安静详密，雍容和豫，故无顷刻忙时，亦无纤芥忙意，与荆公之躁扰急迫正相反也。书札细事，而于人之德性，其相关有如此者。（朱子）

注　释　① 张敬夫：即张栻，字敬夫，南宋理学家。
② 王荆公：即王安石，北宋政治家、文学家。
③ 韩公：即韩琦，字稚圭，北宋政治家、词人。

译　文　张栻曾经说："我平生所见王安石的书信，都好像在十分匆忙的状态下所写，不知道他哪里有这么多事要忙。"这虽然是玩笑话，但确实说中了要害。现在看这件书信，于是醒悟到平时所见韩琦的书法，虽然是写给亲戚、晚辈的，也都写得端庄谨严，和这件一样，没有一笔作行书、草书的样子，大概因为他心中安静周密、雍容祥和，所以没有片刻忙乱的时间，也没有一丁点忙碌的状态，与王安石的急躁纷扰正好相反。书信虽然是小事，但与人的德行修养关系很大啊！（朱熹）

○二九

学不能推究事理，只是心粗。（张子《经学理窟》）

观书必总其言，而求作者之意。（张子《经学理窟》）

读书少，则无由考校得义精。盖书以维持此心，一时放下，则一时德性有懈。读书则此心常在，不读书则终看义理不见。书须成诵。精思多在夜中，或静坐得之。不记则思不起，但通贯得大原①后，书亦易记。所以观书者释己之疑，明己之未达，每见每知所益，则学进矣。于不疑处有疑，方是进矣。（张子《经学理窟》）

注释 ① 大原：大意。

译文 读书做学问不能研究事物后面的原理，这是粗心大意之故。（张载《经学理窟》）

读书一定要归纳总结言辞主旨，而推究作者的本意。（张载《经学理窟》）

读书少，就没办法考究出精深的道理。书只能维持读书时候的心境，一旦放下书不读了，德性就会有松懈。读书时这种心境被维持着，不读书就看不见事情的内容和道理。书籍应该背诵。在夜里静思或通过静坐进行认真思考，容易得悟。不记忆就无法引发思考，只要贯通了解了书的大意后，书也容易记忆了。所以看书的人自己试着解释疑问，思索自己没有想到的地方，开阔眼界积累知识，学习就会进步。在没有疑问的地方又发出疑问，才是进步。（张载《经学理窟》）

○三○

常人教小童，亦可取益：绊①己不出入，一益也；授人数次，己亦了此文义，二益也；对之必正衣冠，尊瞻视，三益也；尝因己而坏人之才，以为之忧，则不敢惰，四益也。（张子《经学理窟》）

注释 ① 绊：约束。

译文 普通人教育小孩，也会有所受益：约束自己不随心所欲，是第一个益处；教了别人多次，自己也明白了文章的内容和道理，是第二个益处；面对学生自己一定穿戴端正，讲究仪表，是第三个益处；因为自己水平低而误人子弟，并且以此为忧，不敢懒惰，是第四个益处。（张载《经学理窟》）

○三一

义理有疑，则濯①去旧见，以来新意。心中苟有所开，即便札记。不思则还塞之矣，更须得朋友之助。（张子《经学理窟》）

注 释 ① 濯：洗涤。

译 文 你对书中的经义和道理有所怀疑时，你就要把以前的见解洗涤掉，以便新的见解能够进来。心里如果开窍来了灵感，随即用笔记录下来。记下来后如果不思考还是会不明白，当然更需要朋友的帮助。（张载《经学理窟》）

○三二

河出昆仑墟，虽其本原高远矣，然渠①并千七百，然后能经营中国而达于四海。愿足下思四海之士以为友，增益其所不能，毋欲速化而已。（黄山谷②）

注　释　① 渠：人工开凿的水道，此处泛指河流。
② 黄山谷：即黄庭坚，字鲁直，号山谷道人，北宋著名文学家、书法家。

译　文　黄河从昆仑山的丘墟中流出，虽然源头高远，但汇集了一千七百条河流，然后才能灌溉中国而惠及四方。愿您想着与四方之士作朋友，用他们的长处弥补自己的短处，但不要迅速改变自己罢了。（黄庭坚）

○三三

古人有言曰："并敌一向，千里杀将。"要须心地收汗马之功，读书乃有味。弃书册而游息时，书味犹在心中。久之乃见古人用心处如此，则尽心一两书，其余如破竹数节，皆迎刃而解也。（黄山谷）

译　文　古人曾说："集中兵力攻敌一部，即使长驱千里，也能擒杀敌将。"要存心有所成就，读书才有意思。放下书本游玩休息时，那书中的意味仍然留在心中。时间长了就知道古人将注意力集中于一点，专心致志研读一两本书，再读其他书便势如破竹，都迎刃而解了。（黄庭坚）

○三四

《左传》《前汉》读得彻否？书不用求多，但要涓涓不废。江出岷山，源若瓮口，及其至于楚国，横绝千里，非方舟①不可济，惟其有源而不息，受下流多故也。既无人讲劝，但焚香正坐，静想见古人，自当心源开发，日胜进也。（黄山谷）

注释 ① 方舟：两船并连。

译文 《左传》《汉书》读透彻了吗？读书不必求多，但要像涓涓细流，永不停歇。长江出自岷山，源头像瓮口一样，等它到了楚国，横穿千里，一定要两船并连才能渡过。只因为它源流不断，接受多条支流之水的缘故。既然没人给你讲解、鼓励，那就焚香正坐，静想，想象与古人面对面，自然能开启心中的智慧之源，每天都能有进步。（黄庭坚）

〇三五

凡读书法要以经为主，经术深邃①则观史易，知人之贤不肖，遇事得失，易以明矣。又读书先务精而不务博，有余力乃能纵横。（黄山谷）

注释 ① 深邃：造诣精深。

译文 读书的方法，要以经为主，经学造诣深厚再看历史，容易知道人的贤良或不肖，所遇事情的得失，也容易搞清楚。此外，读书应该先追求精深，再追求广博，

有余力了就能在书籍的海洋里纵横驰骋。(黄庭坚)

○三六

少年应科目①时，记录名数沿革，其条目等大略与近岁应举者同尔，实无捷径必得之术。但如君高材强力，积学数年，自有可得之道，而其实皆命也。但鄙意欲少年为学者，每读书皆作数过尽之。书富如入海，百货皆有，凡人之精力，不能兼收尽取，但得其所欲求者耳，故愿学者每次作一意求之。如欲求古人兴亡治乱，圣贤作用，但作此意求之，勿生余念。又别作一次求事迹故实、典章文物之类亦如之。他皆仿此。此虽迂钝，而他日学成，八面受敌，与涉猎者不可同日而语也，甚非速化②之术。可笑，可笑。(《东坡集》)

注释 ① 科目：隋唐以来分科选拔官吏的名目。
② 速化：迅速进化，引申为迅速改变自己的处境。

译文 少年时候，参加科举考试，考试科目中有关于户籍记载变革的内容，这些条目与近年科举考试内容大概相同，实在没有捷径必得之法。但像你这样才能高强、精力充沛，积累学问这么多年，自有成功之道，而这都是命运的安排罢了。但我认为，有年纪轻轻就做学问的，每每读过几遍书就认为可以了，是不行的。书籍之丰富，如同走进大海，各种货色都有，但人的精力有限，不能兼收并蓄，只能得到想要的罢了，所以愿意学习的人，每次一心一意求一种内容。如果想求古人兴亡治乱、圣贤作用，只要按照这个寻求，不要想其他的。又另作一次专门去探求某朝的事迹史实、礼乐制度等也是如此。其他研究都照此进行即可。这样虽然比较迂缓迟钝，但有一天学成了，就能接受来自各方的挑战，与浅尝辄止者不可同日而语。当然我说的也不是能迅速改变自己处境的办法。我说的让你见笑了，见笑了！（《东坡集》）

○三七

孔子曰："辞达而已矣。"物固有是理，患不知，知之患不能达之于手与口。所谓文者，能达是而已。文人之盛，莫如近世，然私所敬慕者，独陆宣公①一人。家有公奏议善本，顷②侍讲读，尝缮写进御。区区之忠，自谓庶几于孟轲之敬主。且欲推此学于天下，使家藏此方，人挟此药，以待世之病者，岂非仁人君子之用心也哉！今观所示议论，自东汉以下十篇，皆欲酌古以驭今，有意于济世之用，而不至于耳目之观美。此正平生所望于朋友与凡学道之君子也。（《东坡集》）

注 释 ① 陆宣公：即陆贽，唐代政治家、文学家。
② 顷：刚才，前不久。

译 文　　孔子说："言辞能达意就可以了。"事物自有内在的道理，我担心人们不了解它，人们了解它了又担心不能用文章和语言表达。所谓文章，只要能表达这种意思就够了。历朝历代文人的数量，都比不上近世，但我私下里敬重的人，唯独陆贽而已。我家里藏有陆贽的奏议善本，前不久我为侍读学士，曾将此抄写下来，进呈皇帝。小小的一点忠心，自以为和孟子的"敬崇君主"理念相同。并且我想将此学问推广到天下，让每家每户都藏有这一药方，每人都携带这药，准备用来医治社会的病痛，这难道不是仁人君子的良苦用心吗！现在看你议论东汉以来政治得失的十篇文章，都想斟酌借鉴古代来驾驭当下，有心在济世安民上发挥作用，而不追求悦目动听，这正是我平日里对朋友和追求大道的君子们所期望的。（《东坡集》）

○三八

吕氏[①]《童蒙训》云："前辈有编类国朝名臣行状[②]、墓志，取其行事之善者，别录出之，以自警戒，亦乐取诸人以为善之义。"朱文公[③]亦云："绩溪胡先生[④]教诸生于功课余暇以片纸书古人懿行，或诗、文、铭、赞之有补于人者，粘置壁间，俾[⑤]往来诵之，咸令精熟。"此二事可以为法。（《困学纪闻》[⑥]）

注 释 ① 吕氏：即吕本中，世称东莱先生，宋代道学家。
② 行状：记述死者生平事迹的文章。
③ 朱文公：即朱熹，"文"为朱熹的谥号。
④ 绩溪胡先生：即胡宪，世称籍溪先生，朱熹的老师。
⑤ 俾（bǐ）：使。
⑥《困学纪闻》：宋代王应麟所撰考证性质的学术札记。王应麟，字伯厚，浙江鄞县（今宁波市鄞州区）人，南宋著名学者。

译 文　　吕本中在《童蒙训》中说："前辈学者有将我们宋朝名臣的行状、墓志分类编辑成册，选取其中事迹优秀的，单独抄录，以便作为对自己的警醒，也有乐于吸取其他人做事得体、妥当之处的经验的意思。"朱熹也说："胡宪老师教授学生，在课间用纸片写上古人的善行或诗、文、铭、赞中对人有益的句子，张贴在墙上，让往来的学生诵读并烂熟于心。"这两件事是可以学习的。（《困学纪闻》）

○三九

　　《夏小正》《月令》时训①详矣，而《尧典》"命羲和"以数十言尽之；《天官书》《天文志》详矣，而《舜典》"玑衡"以一言尽之。叙事当以《书》为法。（《困学纪闻》）

注 释 ① 时训：时令节气的顺次。

译 文　　《夏小正》《月令》介绍时令节气的顺次很详尽，

但《尧典》"命羲和"用几十个字就概括了;《天官书》《天文志》很详尽,而《舜典》"玑衡"用一句话就概括了。叙事应该以《尚书》为样板。(《困学纪闻》)

○四○

东坡①得文法于《檀弓》,后山②得文法于《伯夷传》。(《困学纪闻》)

注释 ① 东坡:即苏轼,号东坡居士,宋代著名文学家。
② 后山:即陈师道,北宋文学家,"苏门六君子"之一。

译文 苏轼从《檀弓》中学到了作文重在立意的手法,陈师道则得简严的文法于《伯夷列传》。(《困学纪闻》)

○四一

"天下不可以无此人,亦不可以无此书,而后足以当君子之论。"又曰,"天下大势之所趋,天地鬼神不能易,而易之者人也。"此龙川①科举之文,列于古之作者而无愧。(《困学纪闻》)

注释 ① 龙川:即陈亮,号龙川,南宋文学家。

译文 "天下不可以没有这个人,也不可以没有这本书,从今以后足以当作君子之论。"又说,"天下大势所趋,天地鬼神都不能改变,而能改变它的,只有人。"

这是陈亮参加科举考试时作的文章，把他列入古代重要作者的行列也当之无愧。(《困学纪闻》)

○四二

和凝①为文，以多为富，有集百余卷，自镂板②行于世，识者多非之，此颜之推所谓"訡痴符"③也。杨绾④有论著，未始一示人，可以为法。《易》曰："白贲⑤，无咎"。(《旧书·绾传》："每属⑥文，耻于自白，非知己不可得而见。")(《困学纪闻》)

注 释 ① 和凝：五代时期文学家。
② 镂板：雕版印刷。
③ 訡（líng）痴符：无才学却好夸耀的人。訡，叫卖的意思。
④ 杨绾：唐朝中期著名宰相。
⑤ 白贲：朴素的装饰。贲，装饰。
⑥ 属：连缀，引申为写作的意思。

译 文 后周的和凝写文章，以写得多为傲，结集一百多卷，自己刻印向社会发行，有识之士大多对此持否定态度。这就是颜之推说的那种"无才学却好夸耀的人"。杨绾也有论著，却始终没有给别人看，这种做法值得学习。《周易》说："保持单纯、真诚，没有过错。"(《旧唐书·杨绾传》记载："杨绾每写一篇文章，都耻于对外宣扬，不是好友不给他看。")(《困学纪闻》)

○ 四三

《史通》曰："史有二体。"编年与纪传互有得失，论一时之事，纪传不如编年；论一人之终始，编年不如纪传。要之[①]，二者皆不可废。论看《通鉴》之法，昔陈莹中[②]尝谓："《通鉴》如药山，随取随得。"然虽有是药山，又须会采，若不能采，则不过博闻强记而已。壶邱子[③]问于列子[④]曰："子好游乎？"列子曰："人之所游，观其所见；我之所游，观其所爱。"此可取以为看史之法。大抵看史见治则以为治，见乱则以为乱，见一事则止知一事，何取？观史如身在其中，见事之利害，时之祸患，必掩卷自思，使我遇此等事，当作何处之。如此观史，学问亦可以进，智识亦可以高，方为有益。又曰：读史先看统体，合一代纲纪、风俗、消长、治乱观之。如秦之暴虐，汉之宽大，皆其统体也。其偏胜及流弊处皆当考。复须识一君之统体，如文帝之宽、宣帝之严之类。统体盖为大纲，如一代统体在宽，虽有一两君稍严，不害其为宽；一君统体在严，虽有一两事稍宽，不害其为严。读史自以意会之可也。至于战国、三分之时，既有天下之统体，复有一国之统体，观之亦如前例。大要先识一代统体，然后就其中看一国之统体，二者常相关也。既识统体，须看机括[⑤]，国之所以盛衰，事之所以成败，人之所以邪正，于几微萌芽，察其所以然，是谓机括。读史既不可随其成败以为是非，又不可轻立意见，易出议论，须揆⑥之以理，体之以身，平心熟看，参会积累，经历谙练，然后时势、事情便可识别。（《左编⑦·吕祖谦传》）

注　释　① 要之：总之。

② 陈莹中：即陈瓘，字莹中。北宋政治家、文学家。

③ 壶邱子：战国时期道家代表人物。

④ 列子：战国时期道家代表人物。

⑤ 机括：弩上发矢的机件，引申为事物的关键，机构的机制，治事的权柄。

⑥ 揆：估量，评估。

⑦《左编》：明代唐顺之撰通史性著作。唐顺之，字应德，明代儒学大师，抗倭英雄。

译　文　《史通》说："历史书籍有两种题材。"编年体和纪传体各有优缺点，记载某一历史时期发生的事，纪传体不如编年体；记载一个人的生平事迹，编年体不如纪传体。总之，两者都不可或缺。论说阅读《资治通鉴》的方法时，以前陈莹中曾说："《资治通鉴》好似一座长满草药的大山，随时采摘随时收获。"但虽然是草药山，也得会采，如果不会采摘，就只是停留在博闻强记层面上罢了。壶邱子问列子："你喜欢出游吗？"列子回答："别人出游，是欣赏能见到的风景，而我出游，是欣赏我喜欢的风景。"这可以作为阅读历史的方法。大概看历史，见了治世就认为是治世，见了乱世就以为是乱世，见一事则只知一事，怎么能取法呢？看历史就要置身历史中，看见事物的利害得失，当时的灾害祸患，一定要合上书本思考，假如我遇到这种情况，该怎么处理。这样读历史，学业就能有长进，智慧就能有提高，这才叫有进益。又说，读史要先看格局体制，整体分析某一朝代的法制、风习、盛衰、治乱，比如秦代的残暴，汉代的宽大，都是格局体制，其失衡与流弊都应考察。还应知道某一君主的格局体制，如汉文帝的宽大、汉宣帝的严厉等。格局体制大概就是大纲，如果一个朝代的格局体制宽大，虽有一两个君主较严，不影响它整体宽大；如果一代君王的格局体制较严，虽有一两件事较宽，不影响它整体严厉。阅读历史，自己在内心里认真领会，目的就达到了。至于战国、三国时期，既有天下的格局体制，又有一国的格局体制，看待它的方法也和前例一样。要点是先看一代格局体制再看其中一国的格局体制，二者常相关联。弄清楚了格局体制后，还要看机制。国家之所以盛衰，事情之所以成败，人臣之所以邪正，通过细枝末节的萌芽，观察分析其中原因，这就是读史的诀窍。读史既不能根据它的成败决定其对错，也不能轻易发表意见，应该用道理去检验、用自身的经历去体会，平心静气地多看几遍，参悟积累，经历熟练，然后就能识别当时的大势和事情的正误。（《左编·吕祖谦传》）

○四四

　　傅良①著述有《诗解诂》《周礼说》《春秋后传》《左氏章指》行于世。傅良为学，精于古人制度，年经月纬，昼检夜索，询世谱，编史牍，搜断简，采异闻，一事一物，必稽于极而后止。千载之上，珠贯而丝组之，若目见而身折旋其间。吕祖谦②以为其长不独在文字也。傅良既实究治体，故常本原祖宗德意，欲减重征，捐末利③，还之于民间；销兵薄刑，期于富厚；而稍修取士法，养其理义廉耻为人材地，以待上用。其于君德内治，则欲内朝外庭为人主一体，群臣庶民并询迭谏，而无壅塞不通之情。凡成周所以为盛，皆可以行于今世。（《左编》）

注　释　① 傅良：即陈傅良，南宋名臣。
　　　　　② 吕祖谦：字伯恭，南宋著名理学家，与朱熹、张栻并称"东南三贤"。
　　　　　③ 末利：古代指工商业。

译　文　　傅良著有《诗解诂》《周礼说》《春秋后传》《左氏章指》，并发行于世。傅良做学问，精熟古代制度，经年累月地日夜检索，查找世谱，编辑史料，采集异闻，一事一物必穷究其源起才肯罢休。一千年的历史，好像用丝绳把珠子串起来，好像亲眼所见、亲身所历一般。吕祖谦认为它的长处不仅在于文采。傅良既然扎实研究治国的体要，所以时常以祖宗好德的本意为出发点，希望减轻沉重的征税，将官府掌握的工商业归还民间；不要穷兵黩武，不要严刑重法，让老百姓过上富裕丰厚的生活；逐步改进选拔人才的方法，培养读书人的礼义廉耻之心，作为人才资源，以备朝廷选用。他在君王的德行、国家的治理方面，则希望朝廷内外君臣一体，臣子和百姓都能经常向君主进谏，没有阻塞不通的情形。周朝之所以繁荣昌盛，他们好的办法可以在今天施行。（《左编》）

○四五

先是①许文正公衡②为祭酒，始以朱子《小学》等书授弟子，久之渐失其旧。澄③至，旦④然烛堂上，诸生以次受业。日昃⑤退燕居之室，执经问难者，接踵而至。澄各因其材质，反复训诱之，每至夜分，虽寒暑不易也。皇庆⑥元年升司业，用程纯公⑦《学校奏疏》、胡文定公⑧《六学教法》、朱文公⑨《学校贡举私议》，约之为教法四条：一曰经学，二曰行实，三曰文艺，四曰治事。（《左编》）

注释 ① 先是：此前。

② 许文正公衡：许衡，字仲平，号鲁斋，世称"鲁斋先生"。金末元初理学家、教育家、政治家。谥号"文正"公。

③ 澄：即吴澄，元代杰出理学家。

④ 旦：一大早。

⑤ 日昃（zè）：太阳偏西的时候。

⑥ 皇庆：元仁宗年号。

⑦ 程纯公：即程颢，北宋理学家。

⑧ 胡文定公：即胡安国，南宋著名经学家。

⑨ 朱文公：即朱熹，南宋理学家。

译 文　　此前许衡作国子监祭酒，开始用朱熹的《小学》等书做教材教学生，但时间久了渐渐失去了本来面目。吴澄来了以后，一大早在学堂点上蜡烛，学生依次听他讲课。傍晚返回宿舍时，手拿经书请教难题的学生又接踵而至。吴澄因材施教，不厌其烦地训导教育，每每工作到深夜，即使是严冬酷暑也不改变。皇庆元年（1312年）吴澄被擢升为国子监司业，他借鉴程颢的《学校奏疏》、胡安国的《六学教法》、朱熹的《学校贡举私议》，简单概括为四项授课内容：一是"四书五经"，二是人物传记，三是文学创作，四是治国方略。（《左编》）

○四六

荆川唐先生①于载籍无所不窥，其编纂成书以数十计。尝语其徒曰："读书以治经明理为先；次之诸史，可以见古人经纶之迹；又次则载诸世务，可以应用资者。数者本末相辏②，皆有益之书，余非所急也。"所辑最巨者，

有《左编》《右编》《儒编》《诗编》《文编》《稗编》，凡六种。（焦弱侯③《澹园集》）

注　释　① 荆川唐先生：即唐顺之，世称荆川先生。
② 辏（còu）：聚集，靠近。
③ 焦弱侯：即焦竑，字弱侯，号漪园，又号澹园，明代著名学者。

译　文　明代唐顺之先生无书不读，他编纂了几十部书。唐顺之曾经告诉他的弟子说："读书，应以研读经书、明白道理为先；然后读史，可以见古人管理国家事务的作为；再其次是记录各种时务的书，可以作为日常生活中应用的借鉴。这几种书籍本末相近，都是好书。其余的书，不着急看。"他编纂的最大部头的书，有《左编》《右编》《儒编》《诗编》《文编》《稗编》六种。（焦竑《澹园集》）

○四七

治古①之时，非唯道德纯一，而政教修明，至于文学之彦②，亦精赡宏博，足以为经济之用。盖自童卯③之始，十四经之文，画以岁月，期于默记。又推之于迁、固、范氏之书，岂直览之！其默记亦如经。基本既正，而后遍观历代之史，察其得失，稽④其异同，会其纲纪，知识益且至矣。而又参于秦汉以来之子书，古今撰定之集录，探幽索微，使无遁情。于是道德性命之奥，以至天文地理，礼乐兵刑，封建郊祀，职官选举，学校财用，贡赋、户口、征役之属，无所不诣其极；或庙堂之上，有所建议，必旁引曲证，以白其疑，不翅⑤指诸掌之易也。自贡举法行，学者知以摘经拟题为志，其所最切者惟四子一经之笺⑥，是钻是窥，余则漫不加省，与之交谈，两目瞪然视，舌本强不能对。呜呼！一物不知，儒者所耻。孰谓如是之学，其能有以济世哉！（《宋学士集⑦·曾侍郎神道碑》）

注 释 ① 治古：古代升平社会。

② 文学之彦：在文学上有造诣的人。

③ 丱（guàn）：古代儿童束的两只上翘的小辫，指幼年。

④ 稽：考核。

⑤ 翅：通"啻"，"不啻"即"无异于"的意思。

⑥ 笺（jiān）：笺注，注释。

⑦《宋学士集》：宋濂的文集。宋濂，字景濂，号潜溪，元末明初政治家、文学家。

译 文 古代升平社会时期，不仅道德纯洁单一，而且政治教化修明，以至于从事文学创作的文人，也精深博大，足以为治理国家所用。大概从儿童开始，对于十四经之类的书，依据时间展开学习计划，希望心里能暗暗记住。又推广到司马迁、班固、范晔的史书，哪里是只阅读它们！也是和诵经一样达到默记的效果。端正了根本，之后广泛阅览历代的史书，观察其得失，考核其异同，领会其纲要，知识日益增多而丰富了。进而参考秦汉以来的子部书籍，古往今来学者撰写的文集，探寻其中隐藏的道理，以求融会贯通。于是道德性命的奥秘，以至天文地理、礼乐兵刑、封建郊祀、职官选举、学校财用、贡赋、户口、征役等等，哪一样造诣都很深；或在朝廷有所建议，必旁征博引，说明疑惑之处，就像指出自己手掌的纹路一样容易。自从科举之法兴起后，读书人知道将摘抄经文、猜测试题作为努力的方向，他们最迫切需要的只是"四书"与"五经"内任一经书的注释文字，认真钻研窥探，其他的就漫不经心了，与他交谈，两眼瞪得大大地看着你，舌根发硬不能回答你的提问。哎！一件事物也不知道，这是儒者的耻辱啊！谁说这样的学问，能对社会有好处啊！（《宋学士集·曾侍郎神道碑》）

○四八

古人之文章，衔华佩实，画然不朽，或源或委，咸有根抵。韩、柳所读之书，其文每胪陈①之。宋景濂为曾侍郎志，叙古人读书为学之次第也，此唐宋以来高曾②之规矩也。宋人《传考亭》《西山读书分年》之法，盖自八岁入小学，迨③于二十四五，经经纬史，首尾钩贯，有失时失序者，更展二三年，则三十前已办也。自时厥后，储峙④完具，逢源肆应，富有日新，举而措之而已耳。眉山兄弟出蜀应举，盖已在学成之后；方希古⑤负笈潜溪，前后六载，学始大就，皆此法也。去古日远，学法芜废，自少及壮，举甚聪明猛利、朝气方盈之岁年，耗磨于制科帖括之中，年运而往，交臂非故⑥，顾欲以余景残晷，奄有古人分年课程之功力，虽上哲⑦亦有所不能。（《有学集》⑧）

注 释
① 胪陈：罗列。
② 高曾：高祖和曾祖，泛指祖宗。
③ 迨：等到。
④ 储峙：储存，积累。
⑤ 方希古：即方孝孺，字希古，明朝名臣。
⑥ 交臂非故：指时光飞快，年华易逝。
⑦ 上哲：具有超凡才智的人。
⑧ 《有学集》：清代钱谦益作品集。钱谦益，字受之，号牧斋，清初诗坛盟主。

译 文 　　古人的文章，文质兼好，道理通透，足可垂范后世，源委出处，都有根基。韩愈、柳宗元读的书，常常在他们的文章中体现出来。宋濂为曾侍郎撰写墓志，说古人读书做学问的先后顺序，这是唐宋以来祖宗的规矩。宋人《传考亭》《西山读书分年》记录的学习的方法，大概八岁上小学，等到二十四五，以经书为经，以史书为纬，首尾相连，有错失时间和顺序的，再延期两三年，这样三十岁之前就学好了。从此以后，积累完善，触类旁通，广泛承接，他的面貌日新月异，所学的知识也可轻松运用到生活实践中。四川眉山的苏轼、苏辙兄弟出蜀应举，都在学成之后；方孝孺背着书籍到潜溪学习，前后六年，学问才有大成就，用的都是这个办法。离古时候越来越远，学习的方法都荒废了，从少年到壮年是特别聪明猛利、朝气蓬勃的年纪，把大好时光消磨在科举考试之中，随着时光飞逝，年龄越来越大，反而想以最后的年景，包揽古人分年学习课程的功力，即使是具有超凡才智的人也不大可能了。（《有学集》）

○四九

古人之学，自弱冠至于有室，"六经""三史"已熟烂于胸中，作为文章，如大匠之架屋，楹①桷②榱题③，指挥如意。今以空疏缪悠之胸次④，加以训诂沿袭之俗学，一旦悔恨，改乘辕而北之，而世故羁绁⑤，年华耗落，又复悠忽⑥视荫⑦，不能穷老尽力以从事于斯，遂欲卤莽蹴等⑧，驱驾古人于楮⑨墨之间，此非愚即妄而已矣。（《有学集》）

注释 ① 楹：厅堂前部的柱子。
② 桷（jué）：方形的椽子。
③ 榱（cuī）题：也作"榱提"，指屋椽的端头，俗称"出檐"。

④ 胸次：胸怀。

⑤ 羁绁（xiè）：指驭马或缚系禽兽的绳索，引申为羁绊。

⑥ 悠忽：悠闲懒散。

⑦ 视荫：看见树影变化，指时光流转。

⑧ 躐（liè）等：越级。

⑨ 楮（chǔ）：纸的代称。

译文 古人读书学习，从二十岁到有家室，"六经""三史"都已熟烂于心，写出来的文章，就像大匠建造房屋，柱子、椽子、出檐等构建，随心指挥得十分合理。如今以空洞乏物、荒谬无稽的胸怀，去学习经文训诂等陈陈相因的庸俗学问，有一天后悔了，就推翻了重来，但为生计所累，年华耗尽，又再悠闲懒散地看时光白白溜走，不能穷尽天年专心以学，于是想鲁莽越级，要驾驭古人于纸墨之间，此人不是愚钝就是轻狂罢了。（《有学集》）

○五○

先生尝曰："敬敷①五教②，在宽。""君子以教思无穷，容保民无疆。"则是为教者当以宽容存心也。今日学中大体虽要严密，然就中节目③宽缓，大概人品不一，有夙④成者，有晚成者，有可成其大者，有可成其小者。且一事有所长，必一事有所短，千万不同，遽难以强之也。《学记》自"一年离经辨志⑤"至"九年知类通达，强立⑥

而不反",其始终节次⁷,几多积累,必不可以苟且致之。故教人不止,各因其材,又当随其学之所至而渐进也。盖教人与用人正相反,用人当用其所长,教人当教其所短。(《许鲁斋集⁸·附录》)

注 释 ① 敷:展开,实施。

② 五教:指父义、母慈、兄友、弟恭、子孝。

③ 节目:树的枝干相交处为"节",纹理不顺处为"目"。此处指教学方法。

④ 夙:早。

⑤ 离经辨志:学会经文的断句,分析经书义理。

⑥ 强立:坚定观点或立场。

⑦ 节次:顺序。

⑧《许鲁斋集》:许衡的文集。许衡,字仲平,号鲁斋。

译 文 先贤曾经说:"恭敬地实施五教,在于宽容。""君子认为关于教化的思考没有穷尽,发扬这种美德去容纳教化百姓。"这是教化实施者应该牢记宽容的原因。今天对学生的要求大体虽然严格,但其中对学生所采取的教学措施过于松弛。人的资质不一样,有早成才的,有晚成才的,有的是卓越人才,有的是普通人才。而且一事有所长,必然一事有所短,各式各样,互不相同,因此难以勉强。《学记》从"一年学会经文的断句,分析经书的义理"到"九年触类旁通形成自己坚定的观点和立场",这开始和结束的顺序,经过数次积累,是一定不能随便得来的,所以教书育人没有穷尽,要因材施教，又要依照他学到的地方逐步往前推进。大概教育人和使用人正好相反，用人要用人的长处，教人则弥补人的短处。（《许鲁斋集·附录》）

○五一

公①丁母忧②，寓居南都，晏丞相殊请掌府学。公常宿学中，训督有法度，勤劳恭谨，以身先之。夜课诸生读书，寝食皆立时刻。往往潜至斋舍诇③之，见有先寝者，诘④之，其人绐⑤云："适疲倦，暂就枕耳。"问未寝之时观何书，其人妄对，则取书问之，不能对，罚之。出题使诸生作赋，必先自为之，欲知其难易及所当用意，亦使学者准以为法，由是四方从学者辐辏⑥。宋人以文学有声名于场屋、朝廷者，多其所教也。（《范文正公遗事》）

公遇夜就寝，即自计一日食饮奉养之费及所为之事，果自奉⑦之费与所为之事相称，则鼾鼻熟寐。或不然，则终夕不能安眠，他日必求所以称之者。（《范文正公遗事》）

注释 ① 公：指范仲淹，北宋名臣。
② 丁母忧：遭逢母亲去世而回乡理丧。
③ 诇（xiòng）：查看。
④ 诘（jié）：诘问，责问。
⑤ 绐（dài）：欺骗。
⑥ 辐辏：车辐集于车毂，形容人或物聚集的样子。
⑦ 自奉：自己的日常开销。

译文　　范仲淹母亲去世回乡理丧时，寓居商丘，丞相晏殊请他主持府学的教学工作。范仲淹经常住在府学，训导督促都有章程规矩，勤劳恭谨，以身示范。晚上也指导学生读书，吃饭睡觉都定好了时间。范仲淹经常偷偷走进学生的宅舍查看，见有先睡觉的便责问他，这个学生欺骗老师说："刚才正好很疲惫，暂时躺下休息一会儿。"范仲淹问他睡前看的什么书，这个学生胡乱应对。范仲淹拿书来问他，答不上来，就惩罚他。范仲淹出题让学生们作赋，他自己一定先作一篇，想了解难易程度和意旨所在，也好让学生们以此为标准，于是四方求学的都聚集来。宋朝科考、朝堂上有文学名气的人，很多是范仲淹教的。

　　范仲淹晚上就寝，便计算一天饮食奉养的花销及一天的所作所为，如果自奉之费和所为之事能够相称，就会酣然熟睡。否则，一夜不能安眠，日后一定寻求两者的相称。（《范文正公遗事》）

○五二

　　公在南都学舍，扫一室，昼夜讲诵。其起居食饮，人所不堪，而公益自刻苦。居五年，大通"六经"之旨，为文章，论说必求于仁义。……其所有为，必尽其力。曰："为之自我者当如是。其成与否，有不在我者，虽圣贤不能必，吾岂苟①哉！"（《范公神道碑》）

注 释 ① 苟：马虎。

译 文 范仲淹在南都府学宿舍，打扫出一个房间，日夜讲习诵读。他简陋的饮食起居，是别人接受不了的，但他却一天天地更加刻苦。住了五年，就贯通了"六经"的旨意，写文章，议论解说必定追求仁义。……他干每件事，必尽心尽力。他说："要提高自我修为的人就应该这样做。事情成功与否，有的不在于我的主观努力，即使是圣贤也不可能必定成功，我哪敢马虎啊！"（《范公神道碑》）

〇五三

昔公以正大之学，卓冠群贤；以忠义之气，振厉天下。其功之被当时而泽后世者，固不可遍举，独举其切而近者。则公于所在开设学校，以教育多士，至吴郡则以己地建学，规制崇广，迨公之子恭献公①复割田以成公之志。当是时，天下郡县，未尝皆置学也，而学校之遍天下自公始。若其察泰山孙氏②于贫窭③中，使得以究其业。延安定胡公④入太学为学者师。卒之，泰山以经术大鸣于时，安定之门人才辈出，而河南程叔子⑤尤遇赏拔。公之造就人才已如此。其后，横渠张子⑥以盛气自负，公复折之以儒者名教，且授之以《中庸》，卒之关陕之教与伊洛相表里。盖自"六经"晦蚀⑦，圣人之道不传，为治者不知所尊尚，寥寥以至于公，而后开学校，隆师儒，诱掖⑧劝奖，以成就天下之士，且以开万世道统之传，则公之有功名教，夫岂少哉！（元李祁《文正书院记》）按：荆公⑨祭公文有云："取将于伍，后常名显；收士至佐，维邦之彦。"朱子曰："公振作士大夫之功多。"

注释

① 恭献公：指范仲淹的三儿子范纯礼。
② 泰山孙氏：指孙复，"宋初三先生"之一。
③ 贫窭（jù）：贫穷。
④ 安定胡公：指胡瑗，"宋初三先生"之首。
⑤ 程叔子：指程颐，北宋理学家。
⑥ 横渠张子：即张载，字子厚，今陕西省宝鸡市眉县横渠镇人，世称横渠先生，北宋思想家、教育家，理学创始人之一。
⑦ 晦蚀：暗淡而亏缺。
⑧ 掖：用手挽扶别人的胳膊，引申为扶助或提拔之意。
⑨ 荆公：指王安石。

译文 以前您以正大精醇的学问，引领着群贤；以忠肝义胆的气魄，振奋着天下。您功在当时惠及后世的功业，本来就不能言尽，只说近切的事情吧。您所在之地开设学校，教育名士，到苏州则拿自己的地方办学，规模很大，到您的儿子范纯礼又靠卖家中田地来成就您的志向。那时候，天下郡县没有都办学校，而学校遍天下正是从您开始的。像您把贫困的孙复举荐出来，让他专心从事教育事业，又请胡瑗教授太学。终于使泰山学派因经学儒术显赫一时，胡瑗门下人才辈出，河南程颐尤其被赞赏提携，您造就人才就是这样啊！其后张载因为盛气自负，您又用儒家的名分和礼教使他折服，并传授他《中庸》，最终使关陕学说和伊洛学说紧密关联。大概从"六经"暗淡而亏缺，圣人之道不传以来，统治者不知该推崇什么，道统日渐衰落，直到您的出现，而后开办学校，尊重老师和读书人，进行诱导扶持，劝勉奖励，以成就天下读书人，并且开创了万世道统，所以您有功于名分和礼教，难道还少吗？（元李祁《文正书院记》）按：王安石悼念您的祭文中说："从行伍中选拔将领，将领的名声不断显扬；从僚佐中举荐名士，名士成了国家的栋梁之材。"朱熹说："您使士大夫群体振奋有为的功劳最大。"

〇五四

凡求益之道，在于能受尽言。或识论经旨有见不到，或撰文字有未工，以至凡在己者或有未当，善人能为我尽言之，我则致恭尽礼，虚心而纳之。果①有可从，则终身服膺②而不失；其或不可从，则退而自省也。（《许文正公遗书》③）

注 释 ① 果：确实。

② 服膺：记在心里不忘记。

③《许文正公遗书》：许衡的文集。许衡谥号为"文正"。

译 文　　大凡追求进步的方法,在于能毫无保留地接受别人的话语。或者对经书意思的理解有不到位的地方,或者创作文章有不工整的地方,以至于凡在自己身上发生的不当之事,善良的人能毫无保留地说给我听,我就恭恭敬敬,虚心采纳。确实有可以听从的,就一辈子牢记不忘;有些不可听从的,就私下里自己反省。(《许文正公遗书》)

○五五

诵经习史,须是专心屏弃外物,非有父母师长之命,不可因他而辍①。(《许文正公遗书》)

注 释　①辍(chuò):中止,停止。

译 文　　诵读、学习经史,应该专心,摒除外物的影响,没有父母师长的指令,不可因为别的事情而中止。(《许文正公遗书》)

○五六

阅子史必须有所折衷①,"六经"《语》《孟》,乃子、史之折衷也。合于"六经"《语》《孟》者为是,不合于"六经"《语》《孟》者为非。以此夷②考古之人而去取之,鲜有失矣。(《许文正公遗书》)

注释 ① 折衷：判断事物的准则。
② 夷：语气助词。

译文 阅读子部、史部的书，必须遵循一定的准则。"六经"《论语》《孟子》，是阅读子部、史部书籍应该遵循的准则。符合"六经"《论语》《孟子》准则的是对的，不符合的就是错的。以此考察古人的言行而去留取舍，就很少会犯错误。（《许文正公遗书》）

○五七

读魏晋、唐以来诸人文字，其放旷不羁诚可喜，身心即时便得快活，但须思虑究竟是如何，果能终身为乐乎？果能不隳①先业而泽及子孙乎？天地间人，各有职分性分之所固有者，不可自泯②也。职分之所当为者，不可荒慢也。人而慢人之职，虽曰饱食暖衣，安乐终身，亦志士仁人之所不取也，故昔人谓之"幸民"。凡无检束、无法度、艳丽不羁诸文字，皆不可读，大能移人性情。圣人以义理诲人，力挽之不能回，而此等语一见入骨髓，使人情志不可收拾。"从善如登，从恶如崩"，古语有之，可不慎乎！（《许文正公遗书》）

注释 ① 隳（huī）：毁坏。
② 泯：泯灭。

译文 阅读魏晋、隋唐以来诸家的文章，其放旷不羁的文风确实很是喜人，身心马上就得快活，但应该思考让身心马上快活的原因是什么，这些文章果真能让我们一辈子都快乐吗？果真能不坏先辈的功业并惠及后世吗？天地间的人，各有固定的职业本分、天性本分，不能自我泯灭。职业本分应该做的，不能荒废懈怠。做人懈怠了人的职守，虽然饱食暖衣，安乐终身，也不是志士仁人所要取法的，所以古人将这种人称之为"苟活于世的人"。凡是不能检点约束、没有法度、华丽放纵的文字，都不可读，它们的坏处很大，能改变人的性情。圣人以义理教诲人，尽力挽救却没有效果，但淫词艳语让人一见就牢记在心，毁坏人的性情志趣而不可收拾。"从善如登山，从恶如山崩"，有这样的古语，可不能不谨慎啊！（《许文正公遗书》）

○五八

东莱先生[①]曰："凡作工夫[②]，须立定课程（日日有常，不可间断）。"曰："须诵文字一篇，或量力念半篇，或二三百字。编文字一卷或半篇（须分两册，一册编题，一册编语。卷帙太多，编六七板亦得）。作文字半篇或一篇。熟看程文[③]及前辈文字各数首。此使大略也（纵使出入及宾客之类，亦须量作少许。念前人文字、编文字半板，非谓写半板。但如节西汉半板，作文字数句，熟看程文及前辈文一首，虽风雨不移，欲求繁冗中不妨课程之术，

古人每言'整暇'二字，盖整则暇矣）。"（《许文正公遗书》）

注释 ① 东莱先生：即吕祖谦，南宋理学家，因祖籍东莱，人称"小东莱先生"。
② 工夫：治学方法。
③ 程文：作为范例的文章。

译文 吕祖谦说："凡是要练就一身好学养，都要定下学习课程（日日练习，不能间断）。"又说："每天应该诵读一篇文字，或量力念半篇，或两三百字。抄写文字一卷或半篇（应该分两册，一册编题目，一册编内文，如果篇幅太大，抄写六七页也可以）。创作文字半篇或一篇，熟悉范文和前辈文章各几篇，这是每天学习的大概课程（即使外出或接待客人等，也应该量力做一小部分。读前人文章半页，然后抄写文章半页，不是说创作文章半页。但如节录西汉文章半页、创作文字数句，熟悉范文及前辈文章各一篇，风雨无阻，要想在繁冗事务中不妨碍学习课程，古人常说的'整暇'二字——将繁冗的事务整理、安排，也就有空学习了）。"（《许文正公遗书》）

○五九

昌黎①陈言②之务③去。所谓"陈言"者，每一题必有庸人思路共集之处，缠绕笔端，剥去一层，方有至理可言,犹如玉在璞中,凿开顽璞,方始见玉,不可认璞为玉也。不知者求之字句之间,则必如《曹成王碑》乃谓之去陈言,岂文从字顺者为昌黎之所不能去乎?(黄梨洲④《论文管见》)

注释 ① 昌黎:指韩愈,自称"郡望昌黎",世称"韩昌黎",唐代著名文学家。
② 陈言:老套的言辞。
③ 务:务必,一定。
④ 黄梨洲:即黄宗羲,字太冲,号南雷,别号梨洲老人、梨洲山人,世称"梨洲先生"。明末清初经学家。

译文 韩愈作文,一定去掉老套的言辞。所谓老套的言辞,每一个话题必有俗人思路都能想到的地方,缠绕在笔端,剥去这一层庸俗的思路,才有至理可言,犹如玉在璞石中,凿开坚硬的璞石,才能看到玉,不能认璞为玉啊!没有见识的人,只在字句之间下功夫,认为只有像《曹成王碑》这样的文章才叫去掉老套的言辞,哪里是字词通顺的文句就是韩愈不能去掉的?(黄宗羲《论文管见》)

○六○

言之不文①,不能行远。今人所习,大概世俗之调,无异吏胥②之案牍,旗亭③之日历,即有议论叙事,敝车羸马,终非卤簿④中物。学文者须熟读"三史""八家"⑤,将平日一副家当尽行籍没⑥，重新积聚，竹头木屑，常谈委⑦事，无不有来历，而后方可下笔。顾伧父⑧以世俗常见者为清真，反视此为脂粉，亦可笑也。（黄梨洲《论文管见》）

注释 ① 文：文雅。

② 吏胥：地方官府中掌管簿书案牍的小吏。

③ 旗亭：酒楼。

④ 卤簿：古代帝王出驾时扈从的仪仗队。

⑤ "三史""八家"：魏晋南北朝时以《史记》《汉书》《东观汉记》为"三史"，唐后以《史记》《汉书》《后汉书》为前三史。"八家"指唐宋八大家，即唐代的韩愈、柳宗元和宋代的欧阳修、苏洵、苏轼、苏辙、王安石、曾巩。

⑥ 籍没：登记并没收，此处指收起。

⑦ 委：琐碎。

⑧ 顾伧父：反观一般的学者。顾，看；伧父，粗鄙的人。

译文 言辞不文雅，不能流传久远。今天读书人学习的，大多是世俗的腔调，无异于地方官府的小吏写的簿书案牍、街边酒楼里挂的日历一样，即使出现了议论叙事的文章，也像破车瘦马终非帝王仪仗队的器用一样。学写文章的人必须熟读"三史""八家"，将平日积攒的家当全部抛弃，重新积累，像积累竹头木屑一样，一点点地来，日常谈论的琐碎之事，都要搞清楚其典故出处，而后才可以下笔。反观一般学者以世俗常见的东西为朴实清新，把文雅看成

脂粉，也真是可笑。（黄宗羲《论文管见》）

○六一

文必本之"六经"，始有根本。唯刘向、曾巩多引经语，至于韩、欧，融圣人之意而出①之，不必用经，自然经术之文也。近见"巨子"动将经文填塞，以希②经术，去之远矣。（黄梨洲《论文管见》）

注释 ① 出：超过。
② 希：希图，谋求。

译文 文章必须以"六经"为遵循，才是根本。只是刘向、曾巩引用"六经"言辞多，至于韩愈、欧阳修，融合了圣人的思想并表述出来，不必引用经书原文，自然也是经术的文章。近来见"巨子"们动辄将经文填塞到文章里，妄图使自己的文章成为经典，其实是南辕北辙啊！（黄宗羲《论文管见》）

○六二

文以理为主，然而情不至，则亦理之郭廓①耳。庐陵②之志交友，无不呜咽；子厚③之言身世，莫不凄怆；郝陵川④之处真州，戴剡源⑤之入故都，其言皆能恻恻⑥动人。古今自有一种文章不可磨灭，真是"天若有情天亦老"者。而世不乏"堂堂之阵""正正之旗"，皆以大文目之，

顾其中无可以移人之情者，所谓刳然⑦无物者也。（黄梨洲《论文管见》）

注释
① 郛（fú）廓：空壳。
② 庐陵：指欧阳修。欧阳修是江西吉州人，吉州原属庐陵郡，常以"庐陵欧阳修"自居。
③ 子厚：即柳宗元，字子厚。
④ 郝陵川：指郝经，元初名儒。
⑤ 戴剡（shàn）源：即戴表元，号剡源，宋末元初文学家。
⑥ 恻恻：悲痛的样子。
⑦ 刳（kū）然：刳，剖开后再挖空。此处指空洞的样子。

译文 作文以讲道理为主，但如果没有情感，道理就只剩空壳了。欧阳修记载与朋友们的交往，读者看了没有不呜咽哭泣的；柳宗元介绍自己的身世，读者看了没有不凄怆落泪的；郝经被囚真州，戴表元返回故都，他们写的文章都悲痛感人。从古至今，有一种富有真情实感的文章永不磨灭，真是"天若有情天亦老"啊！世上不乏堂堂正正摆着阵势、竖着旗帜的文章，都被看作大文章，看其中没有可以让人动情的，这就是所谓的空洞无物吧！（黄宗羲《论文管见》）

○六三

双峰饶氏①曰："义理与举业初无相妨，若一日之间，上半日将经传讨论义理，下半日理会举业，亦何不可？

况举业之文未有不自义理中出者，若讲明得义理通透，则识见高人，行文条畅，举业当益精。若不通义理，则识见凡下，议论浅近，言语鄙俗，文字中十病九痛②，不知自觉，何缘做得好举业？虽没世穷年③从事于此，亦无益也。"（《性理大全》④）

注释 ① 双峰饶氏：即饶鲁，字伯舆，号双峰，南宋理学家。
② 十病九痛：浑身病痛，引申为文章全是毛病。
③ 没世穷年：指一辈子。
④ 《性理大全》：明代胡广著，所采宋儒理学之说一百二十家。

译文 饶鲁说："圣人的义理与制举的学业原本不相妨碍，如果一天之内，上午依据经传来讨论义理，下午学习制举的学业，有什么不可以呢？何况制举之文没有不是从义理中出来的，如果能将义理讲解通透，那么见识就能高出常人，行文就会更加流畅，制举的学业就更精深了。如果不通义理，就会见识低下，议论浅薄，言语粗鄙，文字中全是毛病，自己还未理解通透，怎么能做得了好举业呢？就是一辈子做这件事，也没有好处啊！（《性理大全》）

○六四

北溪陈氏①曰："圣贤学问，未尝有妨于科举之文。理义明，则文字议论益有精神光彩，躬行心得者有素则形之。商订时事、敷陈②治体③,莫非溢中肆外之余。自有以当人情、中物理,蔼然④仁义道德之言,一一皆可用之实也。"(《性理大全》)

注 释 ① 北溪陈氏:即陈淳,号北溪,南宋理学家。
② 敷陈:详尽地陈述。
③ 治体:治国的纲领、要旨。
④ 蔼然:和气,和善。

译 文 陈淳说:"圣贤的学问,未尝对科举之文有妨碍。明白义理,文字议论就会更加有精神光彩,亲自实践,你的修养就会自然展现出来。商讨时事,详陈国策,都是将经义彻底理解后的自然显露而已。这其中自然有合乎人情、事理的仁义道德之言,一一都能在现实中应用。"(《性理大全》)

○六五

朱子告或人曰:"公今赴科举是几年?公文字想不为不精,以公之专一理会做时文,宜若一举便中高科、登显仕都了。到今又却不得,亦可自见得失不可必如此。若只管没溺在里面,都出头不得,下梢只管衰塌①。若将这个自在一边,须要去理会道理是要紧,待去取功名,却未必不得。"(《性理大全》)

注 释 ① 衰塌:衰败坍塌,颓废的意思。

译 文　　朱熹告诫某人说："你今年是第几年参加科举考试啊？想来你的文字不是不精熟，凭你专心致志地练习应试文章，应该一次就考中并升官了。直到今天还没成功，也应该反省一下自己的得失，缘何会是这个样子。如果只管醉心科举考试，都不能自拔，结局一定是颓废的。若将科举考试放在一边，将领悟经文义理放在第一位，然后再去考功名，未必不能及第啊！"（《性理大全》）

○六六

程子曰："人多说某不教人习举业，某何尝不教人习举业也？人若不习举业而望及第，却是责天理而不修人事。但举业既可以及第即已，若更去上面尽力求必得之道，是惑惑[①]也。"（《性理大全》）

注 释　①惑惑：迷惑。

译 文　　程子说："很多人说我不教人学习制举之道，我何尝不教人学习制举之道啊？读书人如果不学制举之道而想金榜题名，那就是责求天道而不懂人事。但制举之道只是让你金榜题名罢了，要在上面苛求必然得道的方法，就迷惑不明了。"（《性理大全》）

○六七

文章不朽,全在道理上说得正,见得大,方是世间不可少之文。若古今文集,一连三四篇不见一紧要关系语,便知此人只在文士窠臼①中作生活者。然要拣正大道理说,又有二病:一是古圣贤通同好语,掇拾敷衍,今人一见生厌,惟恐不完;一是真正切要好语,却与吾生平为人,南辕北向了不相涉,即不必言清行浊,立意欺世盗名,亦未免为识者所鄙笑矣。(魏叔子②《里言》)

注释 ① 窠臼:旧式门上承受转轴的臼形小坑,引申为老套路、老一套。
② 魏叔子:即魏禧,字冰叔,一字凝叔,明末清初散文家。

译文 流传千古的文章,主要在于道理说得正、识得大,才是世间不可少的大作。像古今文集,一连三四篇不见一条重要名言,就知道这人只是在老一套中讨生活。但要拣大道理说,又有两个毛病:一是古代圣贤的一切名言,拿来引用改编,让人一看就生厌,唯恐你引个没完;一是真正的重要警句,但同我生平做人南辕北辙、毫不相干,即使没有言行不一、心里想着欺世盗名,也未免会被有识之士取笑啊!(魏禧《里言》)

○六八

人于文字，恶①人讥弹②，不肯一字受善，此所谓宝蜣丸③而弃苏合④，只是痴到极处耳。（魏叔子《里言》）

注释 ① 恶：讨厌。
② 讥弹：指出错误。
③ 蜣（qiāng）丸：蜣，屎壳郎。蜣丸即屎壳郎攒的粪球。
④ 苏合：中药名，烧香用的一种香料。

译文 人们对于自己写的文字，讨厌别人指正，不肯接受改正一字的建议，这就是所谓喜爱屎壳郎攒的粪球，而抛弃烧香用的香料苏合，真是傻到极点了。（魏禧《里言》）

○六九

凡作文须从不朽处求，不可从速朽处求。如言依忠孝，语关治乱，真心朴气为文者，此不朽之故也。浮华鲜实，妄言背理，以至周旋世情，自失廉隅①者，此速朽之故也。今人作文，专一向速朽处著想著力，而日冀其文之不朽，不亦惑②乎？（魏叔子《日录》③）

注释 ① 廉隅：棱角，引申为气节、志向。
② 惑：迷惑，糊涂。
③ 《日录》：魏禧所著语录体杂论，共三卷。

译文 　　作文应该从永久流传的目的入手，不能从被马上遗忘的目的入手。如果言辞遵循忠孝，语句关系治乱，诚心朴实地写文章，这是文章能永垂不朽的原因。浮夸失实，胡说悖理，以至于在人情世故中随波逐流，失去了自己的气节志向，这就是文章被迅速遗忘的原因。今人写文章，专门向速朽处下功夫，还希望他的文章能永久流传，这不是糊涂吗？（魏禧《日录》）

○七○

作论有"三不必""二不可"：前人所已言，众人所易知，摘拾小事无关系处，此"三不必"作也。巧文刻深以攻前贤之短，而不中要害；取新出奇，以翻昔人之案，而不切情实，此"二不可"作也。作论须先去此五病，然后乃议论文章耳。（魏叔子《日录》）

译文 　　写议论文有"三不必""二不可"：前人已经说过的，众人容易知道的，与主题无关的小事，这就是"三不必"。行文尖刻攻击前贤的短处，但说不中要害；标新立异，为前人翻案，但不符合实情，这就是"二不可"。写议论文应该先去此五病，然后才可以抒发议论、写作文章。（魏禧《日录》）

○七一

为文当先留心史鉴，熟识古今治乱之故，则文虽不合古法，而昌言①伟论，亦足信今传后。此经世、为文合一之功也。（魏叔子《日录》）

注释 ① 昌言：有价值的言论。

译文 写文章应该先留心历史上的经验教训，熟悉古今治乱的原因，这样文字即使不合古法，但有价值的议论，也足以令今人信服，并流传后世。这便是治理世事、写作文章合而为一的功夫。（魏禧《日录》）

○七二

稚子愚蠢，未知近来读书何如？侄孙意惟欲其精熟，不欲其性急。太翁可取《程氏分年日程》①，细体古人读书之法，使之循序渐进，勿随世俗之见方妙。《周礼》《礼记》俱宜令其温习，一季得一周，庶能记得。侄孙幼时温书，皆一月一周也，《左传》诸书，迄今犹能成诵，皆当时温习之功。惟太翁留神。（《陆清献公集》②）

注释 ①《程氏分年日程》：即《程氏家塾读书分年日程》，是元代程端礼论述家塾教学程序的作品。
②《陆清献公集》：即陆陇其的文集。陆陇其，字稼书，清代理学家，谥号"清献"。

译 文 小儿愚蠢，不知近来书读得怎么样？侄孙我只希望他做到精熟，不赞成他急于求成。太翁您可取《程氏家塾读书分年日程》，仔细体会古人的读书之法，让他循序渐进，不要随世俗之见为妙。《周礼》《礼记》都应让他温习，一个季节背诵完一遍，这样就能记牢。侄孙我幼时读书，都是一个月背诵完一遍，《左传》等书，迄今还能背诵，都是当时学习的功劳。请太翁留意一下。（《陆清献公集》）

○七三

侄孙教子之念，与他人异，功名且当听之于天，但必欲其为圣贤路上人，望时时鼓舞其志气，使知有向上一途。所读书不必欲速，但要极熟。在京师见一二博学之士，"三礼""四传"烂熟胸中，滔滔滚滚，真是可爱。若读得不熟，安能如此？此虽尚是记诵之学，然必有此根脚，然后可就上面讲究。圣贤学问，未有不由博而约者。《左传》中事迹驳杂，读时须分别王伯邪正之辨。"注疏"《大全》[①]，此两书缺一不可，初学虽不能尽看，幸[②]检[③]其易晓者提出指示之，庶胸中知有泾、渭。冬天日短，应嘱其早起，夜间则又不宜久坐。欲其务学，又不得不爱惜其精神也。(《陆清献公集》）

注 释 ① 《大全》：即《四书大全》，明朝胡广等纂修，为各家对"四书"的注释。
② 幸：希望。
③ 检：通"捡"，挑选。

译 文　　侄孙我教子的理念，与他人不同，在科举上是否有成就当听上天的安排，但一定要他做走在圣贤路上的人，就要时时鼓舞他的志气，使他知道有成为圣贤的途径。读书不必求快，但要极其熟练。在京师见到一两位博学的士子，把"三礼""四传"烂熟于胸，讲诵起来滔滔不绝，真是令人喜爱。如果读得不熟，哪能这样呢？这虽然是背诵记忆的学问，但一定要有此基础，然后可以在它上面发展。圣贤的学问，没有不由博而约的。《左传》中人物事迹纷纭众多，读时应该分清王道与霸道、邪恶与正义，宋人对"五经"的注释与《性理大全》这两部书缺一不可。初学虽然不能都看，希望挑选出通俗易懂的段落，给予讲解指点，也许内心就明白了泾、渭之别。冬天日短，应嘱咐他早起，夜间不要久坐。要求他努力学习，还要保护他积极主动学习的精气神啊！（《陆清献公集》）

○七四

我虽在京，深以汝读书为念，非欲汝读书取富贵，实欲汝读书明白圣贤道理，免为流俗之人。读书做人不是两件事，将所读之书，句句体贴到自己身上来，便是做人的法，如此方叫得能读书人。人若不从将来身上理会，则读书自读书，做人自做人，只算做不曾读书的人。读书必以精熟为贵。我前见汝读《诗经》《礼记》，皆不能成诵，圣贤经传，岂可如此草草读过？此皆欲速而不精之故，欲速是读书第一大病，工夫只在绵密①不间断，不在速也。能不间断，则一日所读虽不多，日积月累，自然充足。若刻刻②欲速，则刻刻做潦草工夫，此终身不能成功之道也。方做举业，虽不能不看时文，然时文只当将数十篇看其规矩格式，不必将十分全力尽用于此。若读经读古文，此是根本工夫。根本有得，则时文亦自然长进。千言万语，总之读书要将圣贤有用之书为本，而勿但知有时文；要循序渐进而勿欲速，要体贴到自身上，而勿徒视为取功名之具。能念吾言，虽隔三千里，犹对面也，慎勿忽之。（《陆清献公集》）

注　释　① 绵密：细密周到。
　　　　② 刻刻：每时每刻。

译　文　我虽身在京师，但十分牵挂你读书的情况，不是想让你读好书谋富贵，而是想让你通过读书明白圣贤们讲的道理，以免成为庸俗的人。读书做人不是两件事情，要将所读之书的字字句句落实到自己身上，这就是做人之法，坚持如此才称得上是能读书的人。读书人如果不落实到实际行动上，那么读书是读书，做人是做人，两者毫无相干，只能算是没有读过书的人。读书一定要以精熟为贵，我以前见你读《诗经》《礼记》，都不能背诵。圣贤的经书和注解，怎么能潦草地应付过去呢？这都是想追求速度而不求精熟的缘故。想加快速度是读书的最大毛病，而功夫只在细密周到不间断之中，不在速度。能够做到不间断，那一天所读之书虽然不多，但日积月累，自然就多了。如果每时每刻都追求速度，就会时刻在潦草上下功夫，这就是一辈子也不能成功的原因。你现在正学习应对科举的功课，虽然不得不看应试范文，但可以只看几十篇，弄清楚它的规矩格式也就可以了，不要将所有精力都放在它上面。读经书、读古文，这是最根本的功夫。有了根本，那制科之文也会自然有长进。千言万语，总之读书要把圣贤之书作为根本，而不能只知道有应试范文。要循序渐进，不要追求速度；要落实到自己的行动上，而不要把它看作是谋取功名的工具。能记住我说的话，虽然我们相隔三千多里，也像面对面一样，一定不要疏忽大意啊！（《陆清献公集》）

○七五

令郎天资英妙，必成大器。鄙意目下但当多读书，勿汲汲①于时文。《左传》之外，《易》《诗》《礼》诸经，皆不可不读。读必精熟，熟必讲解，聪明自然日生，将来便不可限量。养其根而俟其实,古人为学皆然。世俗子弟,所以多坏,只缘父兄性急,一完经书,便令作文,空疏杜撰,不识经史为何物,虽侥幸功名,亦止成俗学,与前辈学问相去殊绝,此不足效也。(《陆清献公集》)

注 释 ① 汲汲:急于得到的样子。

译 文 您儿子天资聪慧,将来必成大器。我认为眼下只应该多读书,不要在应试范文上下功夫。《左传》之外,《易》《诗》《礼》等经书,都不能不读。读书一定要做到精熟,精熟一定要求讲说解释,自然一天天更加聪明起来,将来就不可限量。培养他的根,等待他结果,古人都是这样学习的。世俗子弟大多不成功的原因,只因为父亲或哥哥性子太急,一读完经书,就让他作文,空洞无物,随意杜撰,不知道经史为何物,虽然侥幸获取了功名,也不过是庸俗的学问,与前辈学问相差很远,这不值得效仿啊!(《陆清献公集》)

○七六

令郎今岁学业,必更精进。幼学工夫,不患不长①,但如筑室,须坚其基址,然后可起楼阁。"五经""四书"皆基址也,时文则楼阁也。须先将各经熟读细讲,浸灌其中,使之有得,然后及于时文,循序渐进而不欲速,自然所就,不可限量。(《陆清献公集》)

注　释　① 长：进步。

译　文　您儿子如今的学业，必然会更加精进。小时候学习，不担心不长进，只像盖房子一样，需要打牢地基，然后才可以起楼阁。"五经""四书"都是地基，制举之文都是楼阁。需要先将各经读熟讲细，烂熟于心，有所收获，然后参考时文，循序渐进而不求速度，自然会有所成就，前途不可限量。（《陆清献公集》）

○七七

科场一时未能得手，此不足病，因此能奋发自励，焉知将来不冠多士？但患学不足，不患无际遇也。目下用工，不比场前，要多作文，须以看书为急。每日应将"四书"一二章潜心味玩，不可一字放过，先将白文自理会一番，次看本注，次看《大全》，次看《蒙引》，次看《存疑》，次看《浅说》。如此做工夫，一部"四书"既明，读他书便势如破竹。时文不必多读而自会做。至于诸经皆学者所当用力，今人只专守一经，而于他经则视为没要紧，此学问所以日陋。今贤昆仲当立一志，必欲尽通诸经，自本经而外，未读者宜渐读，已读者当温习讲究，诸经尽通，方成得一个学者，然此犹是致知之事。圣贤之学，不贵能知，而贵能行。须将《小学》①一书，逐句在自己身上省察，日间动静能与此合否？少有不合，便须愧耻，不可以俗人自待。在长安尤不宜轻易出门，恐外边习气不好，不知不觉被其引诱也。胸中能浸灌于圣贤之道，则引诱不动矣。(《陆清献公集》)

注 释　①《小学》：朱熹与其弟子刘清之合编的儿童启蒙书籍，朱熹曾说："后生初学，且看《小学》书，那个是做人的样子。"

译 文　　科举考试一次没成功，不是大问题，只要因此自我激励，奋发图强，怎知将来不会在众学子之上？只担心学问不够，不要担心没有好机遇。眼下功夫，不同于进入科举考场之前，不是要多写文章，应以看书为第一要务。每天应沉下心来，仔细玩味"四书"的一至两章，不轻易放过其中一字。先将正文理解一遍，然后看朱熹的注释，再看《四书大全》，再看《四书蒙引》，再看《四书存疑》，最后看《四书浅说》，这样下功夫，一部"四书"透彻掌握了，再读其他书就势如破竹了。科举应试文章不必多读，自然会作。至于诸经，都是学子们努力学习下功夫的对象，今人只专门攻读一经，对其他诸经都看得无关紧要，这就是学问越做越浅薄的原因。现在贵兄弟应该树立一个志向，那就是将所有的经文全部搞通弄懂。本经以外，没有读的应该逐步阅读；已经读过的应该复习研究，弄通了诸经，才算得上是一个学者。不过，这还只是获取知识之事。圣贤做学问，不看重获取知识，更看重实践。应该将《小学》一书逐句在自己身上验证，白天的言谈举止能与书中相合吗？稍有不合，便应该感到惭愧，不能用庸俗之人的标准对待自己。在北京城中更不要随便出门，恐怕外边风气不好，不知不觉地被坏风气引诱。心中饱学圣贤之道，那么诱惑就勾引不动你了。（《陆清献公集》）

○七八

《分年日程》①一书，平生所最服膺，故特梓行，欲学者胸中先知有读书规模，然后以渐加功。倘从前已经蹉跎者，一二年补读一经可也。（《陆清献公集》）

注释 ①《分年日程》：即《程氏家塾读书分年日程》。

译文 　《程氏家塾读书分年日程》一书，是我平生最推崇的，所以专门付梓发行。我想借此书让学子们心中先知道读书的规模、范围，然后逐渐用功。倘若以前已经浪费了时间，一两年补读一经即可。（《陆清献公集》）

○七九

汝到家不知作何光景？须将圣贤道理时时放在胸中，《小学》及《程氏日程》，宜时常展玩。日间须用一二个时辰工夫在"四书"上，依我看《大全》法，先将一节书反复细看，看得十分明白，毫无疑了，方始及于次节。如此循序渐进，积久自然触处贯通，此是根本工夫，不可不及早做去。次用一二个时辰将读过书挨次温习，不可专读生书，忘却看书、温书两事也。目前既未有师友，须自家将工夫限定，方不至悠忽过日。努力努力！然亦不可过劳。善读书者从容涵泳，工夫日进，而精神不疲，此又不可不知。（《陆清献公集》）

译文 不知你回家后情况怎么样？应该将圣贤道理时时放在心中，《小学》和《程氏家塾读书分年日程》，应该时常展读玩味。白天应花一两个时辰（两至四个小时）在"四书"上，依照我读《四书大全》的方法，先把一节书反复细看，看得十分明白，毫无疑问了，才开始看下一节。如此循序渐进，时间久了自然触类旁通，这是根本功夫，一定要及早去做。然后用一二个时辰（两至四个小时）将读过的书挨着复习一遍，不可专读生书，忘了看书、复习是两件事。目前既然没有师友，就应该自己将功夫限定，才不至于浪费时间。努力努力！但也不能过于劳累。擅长读书的人从容不迫，细心玩味，学问一天天长进，但精神不疲惫，这一点也是必须知道的。（《陆清献公集》）

○八○

我既在京，家中诸务，汝当留心照管，但不可以此废读书，求其并行不悖，惟有"主一无适"[①]之法。当应事时则一心在事上，当读书时则一心在书上，自不患其

相妨②。不必怠惰，亦不可过劳，须要得中。《小学》及《程氏分年日程》，当常置案头，时时玩味。(《陆清献公集》)

注释 ① 主一无适：专心一意，没有杂念。
② 相妨：相互妨碍干扰。

译文 我既然在京城，家中大小事务，你应该留心照管，但不能因为这些耽误读书，要做到两者并行不悖，只有专心一意、排除杂念之法。当处理家务时，就一心扑在处理家务上；当读书时，就一心扑在读书上，不用担心两件事的妨碍干扰。不懒惰懈怠，也不能过于劳累，应该做到适度得当。《小学》和《程氏家塾读书分年日程》，应该一直放在案头，时时玩味。(《陆清献公集》)

○八一

星佑来，惟劝其读《小学》。若日日能将《小学》字字熟读深思，则可为圣为贤，亦可保身保家，汝当互相砥励。人而不知《小学》，其犹"正墙面而立"也欤！(《陆清献公集》)

译文 星佑到了我这里，我只劝他读《小学》。如果天天能将《小学》字字熟读并深刻思考，就可以做圣贤人，也可以保身保家，你们应该互相砥砺。人如果不知道《小学》，就像"面墙而立一无所见"啊！(《陆清献公集》)

○八二

闻令孙今岁亦已就试,愚意亦不必汲汲,与其勉强早入泮①,不如多读几年书,使之学问充足,下笔沛然②。不患功名不到手,此一生受用不尽之道。若一味欲速,未培其根,先求其华,纵得侥幸,恐病痛非小。此某年来阅历人情世态,所见如此。(《陆清献公集》)

注释 ① 泮(pàn):指泮宫,古代的学校。
② 沛然:盛大貌,行疾貌。

译文 听说您孙子今年也已参加了科举考试,我认为不必着急于功名,与其勉强早进学宫,不如多读几年书,让他学问充足,下笔自然如有神。不要担心功名不会到手,这是一生受用不完的道理。如果一味追求速度,没有培养他的根基,先追求让它开花,就是侥幸考中,恐怕问题也不少。我这几年来阅历人情世态,几乎都是这样。(《陆清献公集》)

○八三

《小学》不止是教童子之书,人生自少至老,不可须臾离,故许鲁斋终身敬之如神明。《近思录》乃朱子聚周、程、张四先生之要语,为学者指南,一部性理精华皆在于此。时时玩味此二书,人品学问,自然不同。(《陆清献公集》)

译　文　《小学》不仅是教小孩的书，人生从年轻到年老，一刻也不能离开，所以许衡终身敬它如神明。《近思录》是朱熹搜集周敦颐、程颐、程颢和张载等先贤的重要言论，为学习的人做指南，理学的精华都在于此。时时玩味这两本书，人品学问，自然就会不同。（《陆清献公集》）

○八四

家务虽不能尽摆脱，然要见得此中都是道理。触处皆是此理流行，则不患俗务累人矣。（《陆清献公集》）

译　文　家务事虽然不能都摆脱，但要知道这其中都是道理。人能接触到的都是天理的呈现，就不担心俗事累人啦。（《陆清献公集》）

○八五

自古豪杰往往从艰贞之时倍加精进。苏子瞻之文章，愈穷愈工；程伊川①之学问，愈困愈粹。一番否剥②，焉知非造物有意玉成大君子耶？（《陆清献公集》）

注　释　① 程伊川：即程颐，北宋理学家。
　　　　　② 否剥：《易》的两个卦名。"否"为天地不交，"剥"为阴盛阳衰。代指时运不济，充满磨难。

译 文 自古英雄豪杰，往往在处境艰难时加倍努力精进。苏轼的文章，处境越困窘写得越卓越；程颐的学问，处境越窘困做得越纯粹。这种人生的磨难，怎知不是造物主有意要成就一个大君子啊？（《陆清献公集》）

〇八六

细心静气取程、朱大儒之书，沉潜反复，其中真见圣贤意旨所在，然后执笔为文。复取先正守溪[①]、荆川[②]、泾阳[③]之作，循其规矩，范[④]我驰驱，不必务为奇异，而自卓然远于流俗，此则天下之至文也，何为舍坦途而驰骤于荆棘哉！（《陆清献公集》）

注 释 ① 守溪：指王鏊，字济之，号守溪，明代名臣、文学家。
② 荆川：指唐荆川，原名唐顺之，明代古文运动的代表。
③ 泾阳：指顾宪成，字叔时，号泾阳，明代思想家，东林书院领袖。
④ 范：约束。

译 文 平心静气取来程颐、程颢和朱熹几位大儒的书，沉浸其中反复玩味，其中的真知灼见，是圣贤们意旨的呈现，然后再执笔作文。再取前贤王鏊、唐顺之、顾宪成的作品，依循他们的规矩，来约束我的行文方式，不一定追求奇异，而自然地就能卓然远于流俗，这就是天下最好的文章，为什么舍坦途而奔走在荆棘丛中啊！（《陆清献公集》）

○八七

摘韩子①读书诀课子弟:"口不绝吟于'六艺'之文,手不停披于百家之编。记事者必提其要,纂言者必钩其玄。贪多务得,细大不捐。焚膏油以继晷,恒兀兀以穷年。"此文公自言读书事也。其要诀却在"纪事""纂言"两句。凡书目过口过,总不如手过。盖手动则心必随之,虽览诵二十篇,不如钞撮一次之功多也,况"必提其要",则阅事不容不详;"必钩其玄",则思理不容不精。若此中更能考究同异,剖断是非而自纪所疑,附以辨论,则浚知愈深,著心愈牢矣。近代前辈当为诸生时,皆有《经书讲旨》及《纲鉴》《性理》等钞略,尚是古人遗意,盖自为温习之功,非欲垂世也。今日学者亦不复讲,其作为"书说""史论"等刊布流行者,乃是求名射利之故,不与为己相关,故亦卒无所得。盖有书成而了不省记②者,此又可戒而不可效。(《李榕村集》③)

注释 ① 韩子:指韩愈。
② 省记:回忆、记忆。
③ 《李榕村集》:即李光地的文集。李光地,字晋卿,号厚庵,别号榕村,清代康熙朝名臣。

译文 摘录韩愈读书诀教授子弟:"口中不停地诵读'六经'的文章,手中不断地批阅着诸子百家的书籍。对记事类一定总结纲要,对撰述类一定要解读深意。切不可不分轻重缓急地学习，不管重要的不重要的都不舍弃。学习不分白天黑夜，孜孜不倦地坚持，一年又一年。"这是韩愈自己介绍读书的情况。其要诀却在"对记事类一定总结纲要，对撰述类一定要解读深意"这两句，大概书过目过口，都不如过手。手动心必然随之动，即使阅读背诵二十篇，不如抄写一遍效果好，何况"一定总结纲要"，那么看文中的事，就不允许不周详；"一定要解读深意"，那么思考其中的道理，就不允许不精密，如果这其中还能考察研究出它们的异同，辨明是非而加以判断，附录辨析文字，那么，你的知识就会更广更深，在心中的印象就会更牢。近代前辈在做学生时，都有对《经书讲旨》《纲鉴易知录》《性理大全》等书的读书笔记汇编而成的书籍，这是古人流传下来的读书法，也是他们自己的复习方法，不是为了流传于世。今天的读书人不再讲究这种传统了，他们将抄录来的内容编成"书说""史论"等用于科举的书发行，这是求名谋利的缘故，不与修为自己相关，所以始终不会有任何收获。这是因为他们将书抄录成册后完全不再翻阅了，这应该戒除不应该仿效。（《李榕村集》）

○八八

资性有钝敏，不可强也。虽然，亦视其志之分数何如耳。如有十分志向，则其诚必不息。"俛[①]焉日有孜孜，俛而后已",则亦无微之不入,无坚之不破。凡溺心于邪者,必有鬼凭之;专心于正者,必有神依之。管子曰:"非鬼神之力也,精诚之极也。"道家之言曰:"神明或告人兮,心灵忽自悟。"王荆公云:"方其幽暗昏惑,而无物以相之,亦不能至也。"所谓神物,非真从天降地出,乃是自家精神灵爽之所为。《诗》云:"天之牖②民,如壎③如篪④,如璋如圭⑤,如取如携。"此理至确。惟在有精进之力,无退悔之心;有广大之愿,无休歇之期。古人有大就者,往往是钝鲁人,不足为忧也。(《李榕村集》)

注释 ① 俛(fǔ):通"俯"。
② 牖(yǒu):本义为窗户,此处通"诱",诱导。
③ 壎(xūn):陶制椭圆形闭口吹奏乐器,音色古朴。
④ 篪(chí):古代竹制管乐器,像笛子,有八孔。
⑤ 璋、圭:玉制礼器。

译文 人的天性资质,有愚钝有聪明,不能强求。虽然如此,也要看他立志的程度如何。如果有十分志向,那他就会诚心追求不止。"每日俯身孜孜以求,死而后已",那么也就无微不入,无坚不摧了。凡是沉溺于淫邪的人,都有鬼依附着他;专心于正道的人,都有神依附着他。管仲说:"不是鬼神之力,实在是精诚之至啊!"道家说:"神明或许会告诉人们啊,心灵忽然会自己醒悟!"王安石说:"当幽暗迷惑时,就没有什么东西来帮助他,他就不能达到目的!"所谓神物，不是真的从天上降下来，从地下冒出来，乃是自己精神灵爽所为啊！《诗经》说："天对万民来教化，犹如埙箎真和洽。又如璋圭相配称，时时携取来佩挂。"这道理最是准确。要取得成功，只应有精进之力，不应有退悔之心；有发扬光大的心愿，没有休息歇憩的想法。古代有大成就的人，往往是鲁钝的人，想想他们的成功之道，自己的前途也就不值得担心了。

（《李榕村集》）

○八九

"四书""六经"及濂、洛、关、闽①之书，人须终身艺之，如农夫之终岁而艺五谷也。艺五谷者，每种必尽其勤，方其尽力如此，不知有彼也。若来牟②未苏而又长彼黍稷③，虽有上农④，不能兼施，此须立课程为之。每艺一经，必尽自家分量，务令彻底方休。艺之之法：一曰熟诵经文也；二曰尽参众说，而别其同异，较其短长也；三曰精思以释所疑，而犹未敢自信也；四曰明辨以去所非，而犹未敢自是也。能于一经上得其门而入，则诸书皆同室而异户者，可以类推而通。古之成业以名世者，其必由此矣。（《李榕村集》）

注 释 ① 濂、洛、关、闽：指宋代理学的主要派别，即濂溪周敦颐，洛阳程颢、程颐，关中张载，闽中朱熹。
② 来牟：也作"来𤙭"，即小麦与大麦。

③ 黍稷：指黄黏米与小米。

④ 上农：能力强的农民。

译文　　"四书""六经"和周敦颐、程颢、程颐、张载、朱熹等诸位理学大师的著作，读书人应该学习一辈子，就像农民一年到头都种五谷一样。种植五谷，播下种子就要尽心劳作。当他用力在这件事上时，就不知还有别的事情了。如果麦子还没来得及收割，就在地里种小米，即使有能力强的农民，也难以兼顾做好，这应该制定计划施行。每学习一经，一定要尽自己最大的努力，一定做到彻底学会才好。学习研究的办法：一是熟诵经文；二是尽可能参考众多观点，辨别异同，比较它们的优缺点；三是精深思考，解释困惑，但还不能确信自己的解释是对的；四是认真辨析，去掉错误想法，但还不敢自以为是。能在一经上摸索到门路而登堂入室，所有的书籍都是同一居室只是各有门路而已，可以触类旁通。古代成就事业、闻名于世的人，他们一定是这样来的。（《李榕村集》）

○九○

劝学箴：《易》与《诗》《书》，最务精熟。"三礼""三传"，随分①诵读。《西京》《东京》②，文极醇厚。唐人之雄，曰韩曰柳。北宋文章，于唐有烈。欧、苏条达③，曾、王峻洁④。择其尤者，含咀英华。将来融洽，不名一家。诸子之粹，亦可采焉。荀卿论学，庄子谭天。仲淹[5]《中说》，子云《法言》。伟长[6]《中论》，康节[7]《外篇》。奥旨奇辞，手录心追。醇疵[8]小大，默而识之。周、程、张、朱，至为精凿。孔、孟通津，经书正鹄[9]。《易通》[10]《正蒙》[11]，性书学论。以逮洛闽[12]，微言至训。并须熟讲，益以精思。笃嗜深契，尚友遥师。义理昭明，庶几不畔。穷经观史，靡不贯串。犹有余力，列代诗骚。搜春撷卉，以咏以陶。如是读书，方有根柢。文学德行，实相表里。（《李榕村集》）

注释 ① 随分：照样，依旧。

② 《西京》《东京》：指张衡的《西京赋》与《东京赋》。

③ 条达：指文章条理清晰，说理通透。

④ 峻洁：干净利索。

⑤ 仲淹：指王通，字仲淹，又称文中子，隋朝教育家，思想家，作有《中说》，主张儒、释、道合一。

⑥ 伟长：指徐幹，东汉文学家，"建安七子"之一。

⑦ 康节：北宋理学家邵雍，与周敦颐、张载、程颢、程颐并称"北宋五子"。

⑧ 醇疵：醇美和瑕疵，指正确和错误。

⑨ 正鹄：箭的靶子，指正确的目标。

⑩ 《易通》：又称《通书》，北宋理学家周敦颐的著作之一。

⑪ 《正蒙》：北宋理学家张载的著作之一。

⑫ 洛闽：洛阳的程颐、程颢，闽中的朱熹。

译 文　　劝学箴言说：《周易》和《诗经》《尚书》，最应该记得精熟；"三礼""三传"也要照样精读。张衡的《西京赋》与《东京赋》，文风最为醇厚。唐代的杰出人才，首推韩愈、柳宗元。北宋的文章，比唐代更加显扬。欧阳修、苏轼的文章，条理清晰，说理通透。曾巩、王安石的文章干净利索。选择其中最为优秀的，咀嚼玩味书中精华，把它们融会贯通，而不偏重某一家。诸子文章中的精华，也应采纳。比如荀子讨论学问，庄子谈天说地，王通的《中说》，扬雄的《法言》，徐幹的《中论》，邵雍的《外篇》，深奥的意旨，奇妙的言辞，手中拿着笔摘录，内心敬仰追慕，正确与错误无论大小，都默默地记在心上。周、程、张、朱五哲的文章，最为精确恰当。孔子、孟子是大道桥梁，他们的经书是正确的目标。《易通》和《正蒙》两本书，是研究心性之学的重要著作。可以直追二程、朱熹，精微的言语，真诚的训诫，都应该熟练讲论。更应精深思考，沉溺嗜好，深刻研究。引古人为友，拜远客为师。经义名理显明昭著，也许就不会离经叛道。穷尽经书，遍观史书，没有不融会贯通的。如果还有余力的话，各朝代的诗词曲赋，搜集最美的，采撷最艳的，用来歌咏，陶冶情操。如此读书，才有根本的基础。文学素养和品行道德，就会内外一致。(《李榕村集》)

○九一

　　读书博学强记，日有程课，数十年不间断，当年吴下顾亭林①、今四舍弟耜卿②，皆曾下此工夫。亭林"十三经"尽皆背诵，每年用三个月温理，余月用以知新。其议论简要有裁剪，未见其匹。耜卿亦能背诵"十三经"而略通其义，可不谓贤乎！但记诵所以为思索，思索所以为体认，体认所以为涵养也。若以思索、体认、涵养为记诵带出来的工夫，而以记诵为第一义，便大差。必以义理为先，开卷便求全体大用所在，至于义理融透浃洽，自然能记，即偶然忘记亦无害，程、朱亦然。(《李榕村集》)

注　释　① 吴下顾亭林：指顾炎武，江苏昆山人，清初继往开来的一代宗师，清学的"开山始祖"。

② 耜卿：即李光坡，李光地之弟，字耜卿，号皋轩，清初学者。

译　文　　读书博学强记，每天都有一定的计划，数十年不间断，当年江苏昆山的顾炎武、今天我家的四弟耜卿，都曾下过这样的功夫。顾炎武"十三经"都能背诵，每年用三个月复习研究，其余的月份用来学习新知识；他议论简要有取舍，没见过可以与之匹敌的。耜卿也能背诵"十三经"，并略通它的旨义，可不是一位贤才嘛！但背诵记忆都是为了思索考虑，思索考虑都是为了体察认知，体察认知都是为了人生修养。如果将思索考虑、体察认知、人生修养都作为记忆背诵带出来的工夫,而把记忆背诵摆在首位,便大错特错了。一定要以经义名理为先,翻开书本便求整体意义所在,把义理融会贯通了,自然能够记忆,即使偶然忘记了也不要紧,二程、朱熹也都是这样的。(《李榕村集》)

○九二

宾实①读书,一切诗文历算都不甚留心,惟"四书""五经"中这点性命之理,讲切思索,直似胎胞中带来的一般,此之谓"法嗣"②。当时徐立斋、韩元少③每见辄问某近又读何异书。人好读异书,便是大病。书有何异?"四书""五经"如饥食渴饮、祖宗父母一般,终身相对,岂有厌时?(《李榕村集》)

注释 ① 宾实:即杨名时,字宾实,康熙三十年进士,后为礼部尚书兼国子监祭酒,入值南书房,侍皇太子读书。
② 法嗣:法定继承人。
③ 徐立斋、韩元少:即徐元文、韩菼(tǎn),与李光地大约同一时期在朝为官。

译文 杨名时读书,一切诗文、历法、算术都不怎么留心,只有"四书""五经"中这点性命的道理,讲论切磋,思考分析,好像娘胎中带来的一样,这就是所谓的"法定继承人"。当时徐元文、韩菼每次见到我,就问我最近又读了什么新异的书籍。人们好读新异书籍,真是大毛病。书有什么新异？"四书""五经"如同饿了吃饭，渴了喝水，和祖宗父母一样，应该终身服侍着他们，哪里有厌倦的时候呢？（《李榕村集》）

○九三

自汉以来的学问，务博而不精，圣贤无是也。太公①只一卷《丹书》，箕子②只一篇《洪范》，朱子读一部《大学》③，难道别的道理文字，他都不晓？然得力只在此。某尝谓学问先要有约的做根，再泛滥诸家，广收博采，原亦不离约的，临了仍在约的上归根复命。如草木然，初下地原是种子，始有根有杆有花有叶，临了仍结种，到结了种，虽小小的，而根杆花叶，无数精华，都收在里面。（《李榕村集》）

注释 ① 太公：即姜子牙，西周齐国第一任国君，被尊为"齐太公"。

② 箕子：商纣王的叔叔，殷商末年与微子、比干齐名，并称"殷末三仁"。

③ 《大学》：原是《小戴礼记》第四十二篇，相传战国时期曾子所作，经北宋程颢、程颐竭力尊崇，南宋朱熹又作《大学章句》，最终和《中庸》《论语》《孟子》并称"四书"。

译文 汉朝以来的学问，广博而不精刻，没有圣贤的样子。往前追溯，姜子牙只有一卷《丹书》，箕子只有一篇

《洪范》，朱熹读一部《大学》，难道别的道理文章，他都不知道？可是他的收获只在这里。我曾经说过，学问先要以简略做根基，再广泛涉猎诸家，广收博采，原本也不曾离开过简约，最终还是在简约之上归于根本。像草木一样，刚下地时是种子，然后有根有杆有花有叶，最后仍是结种子，到结了种子，虽然小小的，但根、杆、花、叶无数的精华，都收在种子里面。(《李榕村集》)

〇九四

看书须逐条想一遍，不但为书，且将此心磨的可用。不然，遇大事此心用不入，便做不来。(《李榕村集》)

译文 看书应该把书中每一条都想一遍，不仅是为了书，而是为了把心磨炼得可以使用书中之理。不这样的话，遇到大事，这颗心用不了书中的道理，就做不成功。(《李榕村集》)

〇九五

读书不专是务博，须是凑成一堆。如天上繁星万有一千五百二十，若凑起来，比月还大，只因月是团一物，所以月光比星大别。昔有人力格①数人，问之，渠②云："力兼二人，便敌得十人；兼三四人，则三四十人不足道也。"

以此见得须是合并,若散开终是不济事[3]。(《李榕村集》)

注释 ① 力格:徒手以力格斗。
② 渠:他。
③ 济事:成功。

译文 读书不只是追求广博,还要把读的书凑在一起。像天上的繁星有一万一千五百二十颗,如果凑起来,比月亮还大,只因为月亮是团在一起的物体,所以月光比星光大多了。以前有人能徒手与数人格斗,问他,他回答说:"有两个人的力气,就能打得过十个人;有三四个人的力气,就是来了三四十个人,也不在话下。"如此看来,应该把知识合并,如果力量散开,最终还是不能成功。(《李榕村集》)

○九六

"五经""六艺"[1],今止"四经""四艺"[2]而已。经止《易》《诗》《书》《春秋》,《礼》即在"六艺"中。艺止礼、乐、书、数,射、御已不讲。《易》,将注疏、程《传》、朱《义》看过,略通大意,一年可了。《诗》,将注疏与朱《传》看,《书经》亦然。"春秋三传"、注疏,每种一年,兼之礼、乐、书、数,不过十余年,无不通矣。聪明人用十余年功亦不难,便是许多年代无此人,岂不可叹!(《李榕村集》)

注　释　① "五经""六艺"："五经"指《易》《诗》《书》《春秋》《礼》，"六艺"指礼、乐、射、御、书、数。② "四经""四艺"："四经"指《易》《诗》《书》《春秋》，《礼》放在"四艺"中；"四艺"指礼、乐、书、数，其他射、御已不讲。

译　文　"五经""六艺"，今天只剩下"四经""四艺"而已。经只有《易》《诗》《书》《春秋》，《礼》归在"六艺"中。艺只有礼、乐、书、数，射、御已经不讲了。读《易》的时候，要将注疏、程颐的《易传》、朱熹的《周易本义》看一遍，略通大意，一年就可以了。读《诗》的时候，将注疏与朱熹的《诗集传》看一遍。《尚书》也一样。"春秋三传"及其注疏，每种书读一年，再加上礼、乐、书、数，不过十几年功夫，就没有不通晓的了。聪明人用十多年功夫也不算难，但是许多年代却没有这样的人物出现，难道不是十分可惜可叹的吗！（《李榕村集》）

○九七

　　孟子竟是不曾见《易》，平生深于《诗》《书》《春秋》，《礼经》便不熟。只是才大，学问直溯源头，掘井见泉，横说竖说，头头是道。（《李榕村集》）

译　文　孟子终究不曾看到过《易》，平生深研《诗》《书》《春秋》，《礼经》便不是很熟。只是孟子才气大，

学问直溯源头,掘井见泉,横说竖说,怎么说都有道理。(《李榕村集》)

○九八

有人说"十三经""廿一史"皆看过,只是不记得。总是他立意要看完经史,便不能记。何也?为其泛也,非切己要读,如何能记?天下书原读不尽。虚斋①云:"欲为一代经纶手,须读数篇要紧书。"书读要紧者方好。文中子②云:"不广求故得,不杂学故明。"某自己验之,确是如此。孔子说得极平常,都是自己有得之言,说一个"温故",说一个"时习",可见不温不习,便无处得说与知新。(《李榕村集》)

注释 ① 虚斋:即明代学者蔡清,字介夫,号虚斋。
② 文中子:指王通,字仲淹,又称文中子,隋朝教育家,思想家。

译文 有人说"十三经""廿一史"都看过,只是不记得了。这只是他下决心要看完经史,不是以做学问为目的,所以就不记得了。为什么会出现这种情况呢?因为他泛泛而读,不是根据自己实际需要来读,怎么能记住呢?天下的书原本就读不完。蔡清说:"要想成为一代治国能手,须要读数本要紧的书。"书要读要紧的才好。王通说:"不四处求索所以能得,不驳杂学习所以明白。"我自己亲身检验,确是如此。孔子说得十分平常,都是自己感受最深的话,说一个"温故",说一个"时习",可见不复习不实践,便没有新的理解和体会。(《李榕村集》)

〇九九

人于书有一见便晓者,天下之弃材也。须是积累而进,温故知新,方能牢固。如富贵家儿生来便有得用,他看钱物天然不爱惜;惟辛勤成家,便一草一木,爱之护之。读书从勤苦中得些滋味,自然不肯放下。往往见人家子弟,一见便晓,多无成就。有人自讼[①]其过,生平好读新书,不喜读旧书,亦是大病。(《李榕村集》)

注释 ① 自讼:自责。

译文 有的人看书,一看就明白,这是注定被天下抛弃的人。应该逐渐积累进步,温故知新,才能牢固。好比富贵家的儿子,他生来就有吃、有喝、有用,他看待钱物自然就不爱惜;只有辛勤成家,对那一草一木,才会更加爱护。读书如果从勤苦中获得滋味,自然就不肯轻易放下。往往见别人家的子弟,读书时一看就懂,大多难有成就。有人自责自己的过失,生平好读新书,不好复读旧书,也是大毛病。(《李榕村集》)

一〇〇

凡瓜果时候未到，纵将他煮烂，他终是生。人只知春生、夏长、秋收之为功，不知成物却全在冬。五谷至秋已成矣，若当下便将他下地作种，终是不好，毕竟收过冬，生意才足。人见其已入仓囷①，以为既死，不知他生意在内，自己收束坚固，以完其性。可知"贞下起元"②之理，一丝不错。凡学问工夫，火候未到时，勉强为之，终是欠缺。（《李榕村集》）

注释 ① 囷（qūn）：古代一种圆形的谷仓。
② 贞下起元：《周易》"乾卦"讲"元亨利贞"，元是开始，贞是结束。贞下起元意味着终结之中蕴含新生的力量。

译文 大概瓜果还没成熟，就是将它煮烂，它还是生的。人们只知道春生、夏长、秋收时下功夫，却不知道成物却在冬天。五谷到秋天已经成熟，如果当时就把它下地作种，终究不好，等收藏过了冬天，它的生机才足。人们见它已入谷仓，以为它已经死了，不知它生机在内部，它通过收敛生机变得坚实，以完善自己的天性。由此可知，天道生生不息、终则有始的道理，一丝也不会错乱。凡是在学问上下的功夫，火候没有成熟，勉强去干，总是会留下遗憾欠缺。（《李榕村集》）

一〇一

"学聚问辨"①,下著一句"宽以居之",大妙。如用武火②将物煮熟,却要用慢火煨,滋味才入,方得他烂。(《李榕村集》)

注释 ① 学聚问辨:语出《周易》:"君子学以聚之,问以辨之。"意指努力学习积聚知识,质疑问难,明辨是非。
② 武火:急火。

译文 "努力学习积聚知识,质疑问难,明辨是非。"这句话后边再跟一句"宽松从容,安排执行",真是十分巧妙!就像用急火将食物煮熟,还要用文火慢慢地煨炖,滋味才入得好,才能炖得烂。(《李榕村集》)

一〇二

读书要搜根,搜得根便不会忘。将那一部书分类纂①过,又随章札记,复全部串解,得其主意便记得。某向看《三角法》,过而辄忘,后得其一线穿下之根,便再不忘。某于《河图》《洛书》②搜得其根,放下空空洞洞,一提起千头万绪,无不了然。孔明当日独观大意,今人解作草略便不是。大意者,即精英、根源也。杜工部读书难字过,便不屑记难字,如扬子云乃是要采其精英。(《李榕村集》)

注 释 ① 纂：编辑。

② 《河图》《洛书》：我国古代流传下来的两幅图案，蕴含着深奥的宇宙哲理。

译 文 读书要刨根问底，刨根问底便不会忘。把那一部书按类别编辑一下，然后随着每章做好笔记，再全部串起来理解一遍，领会到主要意旨就能记得。我以前看《三角法》，过了就忘，后来掌握其要点，将整本书串联起来，就再也忘不了。我探寻到《河图》《洛书》的根本，虽然放下书本脑中便空空洞洞，但是一提起书中内容就千头万绪，无不十分清楚。诸葛亮当年只看主要意旨，但今天的读书人却理解成马虎潦草，这就不正确了。主要意旨，就是精华和根源。杜甫读书，碰到不认识的字就跳过去，对记难字不屑一顾，扬雄读书也是只取其中的精华。（《李榕村集》）

一〇三

"读书千遍，其意自见。"某初读《参同契》①，了无入处，用此法试之，熟后遂见得其中自有条理。初读《大司乐》②亦然，用此法又有入处。乃知此言果丹诀③也。人做大司成④，只纠合有志读经者，且不要管他别样，只教他将一部经一面读一面想，用功到千遍，再问他所得便好。（《李榕村集》）

注 释 ①《参同契》：指《周易参同契》，是道教早期的经典，东汉魏伯阳著。魏伯阳：名翱，字号云牙子，东汉时期炼丹理论家。

② 《大司乐》：《周礼·春官》中的一篇。

③ 丹诀：炼丹的方法。此处泛指有效的方法。

④ 大司成：唐代的国子监祭酒，掌管儒学训导。

译文　"读书读上一千遍，意思自然就明白。"我初次读《参同契》一书，不知从哪里下手，用这个办法试了试，读熟后就看到了其中自有的条理。初读《大司乐》也是这样，用这个办法也摸到了门路。才知道这句话果然是有效的妙法。读书人做了大司成这样的教官，就可以召集有志读经的学生，并且让他们不要管其他事情，只教他将一部经书，一面读一面想，用功读一千遍，再问他的心得就好了。（《李榕村集》）

一〇四

某年十八，手纂《性理》一部；十九，手纂"四书"一部；二十，手纂《易经》一部。凡某家某家如何说，皆一一能记，至今以为根基。不然，虽闲时熟思，从何思起？（《李榕村集》）

译文　我十八岁那年，亲自抄录了一部《性理大全》；十九岁，亲自抄录了一部"四书"；二十岁，亲自抄录了一部《易经》。凡是某家某家怎样说的，都能一一记下来，至今都以此为根基。不这样的话，虽然有空时能

深入地思考，可又能从何想起呢？（《李榕村集》）

一〇五

　　读书要有记性，记性难强。某谓要练记性，须用精熟一部书之法，不拘大书小书，能将这部烂熟，字字解得，道理透明，诸家说俱能辨其是非高下，此一部便是根，可以触悟①他书。如领兵十万，一样看待，便不得一兵之力；如交朋友，全无亲疏厚薄，便不得一友之助。领兵必有几百亲兵死士，交友必有一二意气肝胆，便此外皆可得用。何也？我所亲者又有所亲，因类相感，无不通彻。只是这部书却要实是丹头②，方可通得去，倘熟一部没要紧的书，便没用，如领兵却亲待一伙极作奸犯科的兵，交友却结交一班无赖的友，如何联属③得来。（《李榕村集》）

注　释　① 触悟：触动而领悟。
② 丹头：精炼而成的丹药，代指经典著作。
③ 联属：联系。

译　文　　读书要有很好的记忆力，记忆力很难勉强。我说要练记忆力，应该用精熟一部书的办法，不管大书小书，能将这部书记得烂熟，字字弄懂，道理悟透，各家的讲解都能分辨是非高下，这一部就是根本，可以通过这部书，触动而领悟其他书。如同领兵十万，对士兵一样看待，便不得一个士兵的力量；如同交朋友，全没有亲疏厚薄，就得不到一个朋友的帮助。领兵必有几百个亲兵死士，交友必有一两个具有意气肝胆的人，这样他们之外的人也都可以得用。为什么呢？我所亲近的人又有亲近的人，以类相系，就没有不贯通透彻的了。只是这部书一定要是经典，才可通得过去，倘若弄熟一部无关紧要的书，就没有用，如同领兵却善待一伙作奸犯科的兵油子，交友却结交一班无赖的狐朋狗友，如何能向外联系得起来。（《李榕村集》）

一〇六

要通一经，须将那一经"注疏"细看，再将"大全"细看。莫先存一驳他的心，亦莫存一向他的心。虚公其心，就文论理，觉得那一说是，或两说都不是，我不妨另有一意，看来看去，务求稳当，磨到熟后，便可名①此一经。当日虚斋只将《易经》如此做得一番工夫，后来天下传其《蒙引》，曰："欲《易》明，问蔡清。"故某尝曰："自宋以后，得汉人穷经之意者，惟虚斋先生一人。"（《李榕村集》）

注释 ① 名：解说。

译文 要精通一经，应该仔细看那一经的"注疏"，再仔细看"大全"。不要先存批驳前人观点的心，也不要有偏向前人观点的心。居心要虚，还要公正，根据原文来讨论义理，觉得哪一种说法是正确的，或者两种说法都不对，我也可以另有一种见解，看来看去，一定要求稳当，琢磨成熟后，才可解说出这一经来。当时蔡清只将《易经》这样下了一番功夫，后来天下传诵他的《蒙引》，说："要解明《易经》，只能请教蔡清。"所以我曾经说："自宋朝以后，得到汉代学人深入研究经书之意的，只有蔡清一个人。"（《李榕村集》）

一○七

达摩一老癯[1]，对着壁坐了九年，几夺吾儒之席；胡安定在泰山读书十余年，其后学徒之盛遍天下。凡人有十年著紧[2]工夫，其声光[3]气焰[4]，断然不同。（《李榕村集》）

注释 ① 癯（qú）：瘦。
② 著紧：重要，紧要。
③ 声光：此处指文章的风采。
④ 气焰：此处指诗文的气势和力量。

译文 达摩作为一个瘦老头，面壁坐了九年，几乎代替我们儒家成为最有影响力的思想流派；胡瑗在泰山读书十多年，其后学徒众多遍布天下。普通人只要下十年重要功夫，他所作诗文的风采和气势，就会截然不同。（《李榕村集》）

一〇八

读书着不得一点"为人"[1]的心,着此便断根,虽孜孜穷年,无益也。(《李榕村集》)

注　释　① 为人:语出《论语·宪问》"古之学者为己,今之学者为人"一句,指为了给别人看,不是单纯修为自身。

译　文　读书不能附着一点点"读给别人看"的私念,附着上这样的私念,读书就断了根。即使一年年地努力不懈,也不会有什么好处。(《李榕村集》)

一〇九

读书只赞其文字好何益?须将作者之意发明[1]出来,及考订[2]其本之同异,文义之是否,字字不放过,方算得看这部书。(《李榕村集》)

注　释　① 发明:创造性地发挥。
② 考订:考据订正。

译　文　读书只称赞书中文采好有什么益处?应该将作者的本意创造性地发挥出来,还要考据订正版本的异同,文字含义的正误,字字句句都不放过,这才算看过了这部书。(《李榕村集》)

一一〇

　　和尚家参禅,亦是要心归一。故意说一句极没理的话,要你在这上寻求,想来想去,别的念头都断了。人心本是灵明,逼到归一时,光彩忽发,别见得一个境界。他们得此,方好用功,不是到此就住,从此遍参历扣①,直追无上菩提②。《阴符经》曰:"绝利③一源,用师④十倍。"是这一层工夫,至"三返⑤昼夜,用师万倍",即《参同契》所谓"千周⑥粲彬彬⑦,万遍将可睹",乃是思之精熟。若心无那一段归一内力,却不能思,要思,心散去了,亦不中用。(《李榕村集》)

注释　① 遍参历扣:参拜各处。
② 无上菩提:最高的觉悟境界。
③ 利:指快利耳目、牵引心神的声色名利。
④ 用师:使用军队作战,此处泛指发生作用。
⑤ 三返:指眼不视、耳不听、口不言。
⑥ 千周:比喻坚持不懈,经常熟读经文。
⑦ 粲彬彬:指悟到经文中璀璨的真谛。

译文　出家人参禅,也应心归一处。故意说一句十分没道理的话,将注意力吸引过来,并让你在这句话上下功夫,想来想去,别的念头就都断了。人心本来灵光明透,逼到心归一点时,光彩就一下子焕发出来,别有一个境界。他们获得了这个方法后,才好发奋用功,不是到此停止,从此参拜各处,直追最高的觉悟境界。

《阴符经》说:"断绝一处声色名利源头,就能产生十倍功效。"这一层功夫,到"断绝三处声色名利源头,就会产生万倍的效果",即《周易参同契》所谓"坚持不懈读经可以悟到璀璨的真谛,读到万遍就能悟到玄关奥秘",说的就是思考精熟。如果内心没有那一段万念归一的修炼功夫,是不能思考的。要想思考,心散乱了,也就不中用了。(《李榕村集》)

————

凡人一艺之精,必有几年高兴。若迷溺其中,见得有趣方能精。如先存一别有远大,何必在此驻足之意,断不精矣。某人别件都能领略,只是文章不进,每自曰:"只要求得心里明白,明白后自然说得出,便是辞达①。"此即是他心病。文章如何能达,却也要剪裁有材料,不然言之无文,行之不远。艺文②如此,况于圣贤之学,非有一段毅然专致之诚,安能有得?(《李榕村集》)

注 释 ① 辞达:言辞表述得明白透彻。
② 艺文:辞章。

译 文 人如能精熟一种技艺,必能高兴几年。如此沉迷其中,见到其中的趣味才能精通。如果先存有别的远大志向,何必在这种技艺上止步不前,有了这种想法,那技艺是绝不能精熟的。有的读书人对别的事情都能领略，只是写文章没有进步，每每自己说："只要自己心里明白，明白后自然就能说得出，就是言辞达意了。"这就是他内心的毛病。文章怎样才能写得明白通透，需要剪裁手中的材料，不然的话，写得没有逻辑，意旨就不会深远。辞章是这样，何况对于圣贤的学问，没有一段果敢毅然的专心致志，怎能有收获呢？（《李榕村集》）

一一二

出门之功甚大。闭户用功，何尝不好？到底出门闻见广。使某不见顾宁人①、梅定九②，如何得知音韵、历算之详？佛门中遍参历扣，最是妙义，岂必高明人，就是寻常人亦有一知半解。（《李榕村集》）

注释 ① 顾宁人：指顾炎武，字宁人，人称亭林先生。明末清初杰出的思想家、经学家。

② 梅定九：指梅文鼎，字定九，号勿庵。清初著名天文学家、数学家。

译文 出门接触社会，知行合一的作用很大。在家闭门用功，何尝不好？但还是出门见闻更广。如果我不是见到了顾炎武、梅文鼎，如何能知道音韵、历算的详细内容呢？在佛门中广泛参悟、到处叩拜，最有奇妙的意义，难道一定要高明的人，就是普通人也会有一知半解的领悟吧！（《李榕村集》）

一一三

宁人曰:"吾于经史虽略能记诵,其实都是零碎工夫。至律历①、礼乐之类,整片稽考,便不耐心,此是大病,今悔之而已老矣。"此其自讼语,实读书要诀也。(《李榕村集》)

注释 ① 律历:乐律和历法。

译文 顾炎武说:"我虽然略能背诵些经史,其实用的都是零碎功夫。至于乐律历法、礼乐制度等,从整体上考察研究,就不耐心了,这是我的大毛病,如今后悔已经来不及了,因为我已经老了。"这是他自责的话,其实是读书的要诀。(《李榕村集》)

一一四

人须要用心,但用过心,不独悟过好,只疑过亦好;不但记得好,就不记得亦好。中有个根子,便有时会发动。(《李榕村集》)

译文 人读书需要用心,只要用过心了,不仅有所悟才好,只是怀疑过一遍也很好;不仅是能记住好,就是记不住也好。只要在这一过程中有个用心的根底,那么就会有起作用的时候。(《李榕村集》)

一一五

国手于棋,亦终身之事,他刻刻不能离棋。可见一艺成名,也要至诚无息,若有一日放得下,便非第一流的本事。尧、舜已将天下让与人,自己尚是"敕①天之命,惟时惟几②",一息尚存,此志不容少懈。人的学问,总要不断,这是一点真源,有源之物便会大。陆子静③于此却有所得,故云:"易简工夫终久大,支离事业竟浮沉。"(《李榕村集》)

注 释 ① 敕:告诫,嘱咐。
② 几:细微之处,也有事情发生的微小征兆的意思。
③ 陆子静:即陆九渊,字子静,号象山翁,世称象山先生,宋明心学的开山祖师。

译 文 国手下棋,也是他的终身事业,他时时刻刻不能离棋。可见一艺成名,也要始终保持至诚,勤勉无怠,如有一天放下了,就不是第一流的本事了。尧、舜已经将天下让给别人,自己还是"奉上天之命治理国家,重在顺时而为,重在谨言慎行",只要一息尚存,此志都不能稍有懈怠。人的学问,总不能断,这就是一点真正的源头,有源头的东西就会越来越大。陆九渊对此很有心得,所以说:"直截了当、简易明了的功夫最终才能有所成就,发扬光大。向外界的事物逐个求索,没有根本宗旨作为支撑的功夫是支离破碎的,最终也浮沉不定。"(《李榕村集》)

一一六

源泉一勺耳,及其渐远渐大,便成江河。问:"一贯之义似此?"曰:"然。有了源头,愈多愈好。江水一路来,无限诸水会之,然只成其为江,不闻品江水者,以为此中杂某某之水也。河水一路来,无限诸水会之,然只成其为河,不闻品河水者,以为此中杂某某之水也。有源头的物事,他物入其中,皆成自己的物事。"(《李榕村集》)

译文 泉水源头不过一勺子大,流淌得渐远渐大,便成了江河。问:"始终如一的意义就像这一样吗?"答:"是的。有了源头,越多越好。长江水一路流淌,无限的支流与它汇合,但只是成就了长江,还没听说过品评长江水的人,说长江水中混杂着某某水。黄河水一路流淌,无限的支流与它汇合,但只是成就了黄河,还没听说过品评黄河水的人,说黄河水中混杂着某某水。有源头的事物,其他事物加入其中,都成了自己的事物。"(《李榕村集》)

一一七

志立则神日生,要在提撕[1]之力。(《李榕村集》)

注 释 [1] 提撕:振作。

译 文 志向确立以后，精神的力量便逐日增长。要保持精神的力量逐日增长，关键在于振作的力量。(《李榕村集》)

一一八

仙家明日成仙，今日尚不知，总是要工夫不歇，如鸡抱子，呆呆的只抱在那里，火候一刻不到，不能得他出来。朱子至六十岁上，自叹假如五十九岁死，竟不闻道矣。后五六年仍叹与道无分，门人援前言以问曰："想是为不得行道而发？"朱子曰："非也。就是眼前道理尚远耳。"汝楫曰："然则下学何时窥见津涯①？"曰："此仙家所谓大丹也，然小丹亦不可不结。想来颜、曾、思、孟有颜、曾、思、孟之丹；周、程、张、朱有周、程、张、朱之丹；董、韩亦有董、韩之丹。成得无上天仙固好，不尔，就是地仙亦强似虚生浪死。"(《李榕村集》)

注 释 ① 津涯：水边。

译 文 修仙的人明日成仙，今日还不知道，总是要不停地下功夫，如母鸡孵蛋，呆呆地只抱在那里，火候一刻不到，鸡子就孵不出来。朱熹到六十岁时，自叹假如五十九岁死了，这辈子就没有闻道。他最后五六年仍然感叹与道没有缘分，门人援引前人的话问他："想必这是因为不能施行其道，而有感而发吧？"朱熹说：

"不是。就是眼下,我离道也还有距离。"汝楫问:"那我们这些下等的学人,何时能看到学海之岸?"答:"这就是修仙的人说的大灵丹,但小灵丹也不可不炼。想来颜回、曾参、子思、孟子有他们自己的灵丹;周敦颐、程颢、程颐、张载、朱熹也有他们自己的灵丹;董仲舒、韩愈更有董仲舒、韩愈的灵丹。能修成最高的天仙固然好,如果不能,就是修成地仙也比虚度一生要强啊!"(《李榕村集》)

一一九

昌黎论一事,便一事透彻,此人煞①有用。明朝人学问事功都不透,想是读书不专之过。只有蔡虚斋专精"四书"、《易经》,而年只五十七,又贫不能多得书,如《朱子语类》都不曾见,故到底不明白"理气"二字。然荐廿余人于王三原②,皆有成就;识宁王必反,便拂衣归,已不是无用人。(《李榕村集》)

注释 ① 煞:很。
② 王三原:即王恕,字宗贯,号介庵,三原(今属陕西)人,明代中期名臣。

译文 韩愈议论一件事,便把一件事议论得很透彻,此人实在是有用的人才。明朝人的学问、功业都很平庸,想来应该是读书不专一的原因。只有蔡清专精"四书"、《易经》,但只活了五十七岁,又贫穷不能读到更多的书,比如《朱子语类》等都不曾读到，所以最后还是不明白"理气"二字。不过，他推荐二十多人给王恕，都很有成就；蔡清看出宁王必反，便拂衣而去。如此看来，他不是无用之辈。（《李榕村集》）

一二〇

某未领乡荐①时，曾将《左传》分类编纂，言礼者一处，言乐者一处，言兵者一处，言卜筮者一处，嘉言善行一处，如此容易记。未及编成，以人事而废。昔苏子容②记得史熟，东坡问之，答曰："吾曾将某年某月下将事系之，编得一次；复将事下系以某年某月，又编得一次，编来编去，遂熟。"东坡曰："吾何书不如此下功夫？毕竟公记得。"大概欲史熟须如此。（《李榕村集》）

注 释 ① 乡荐：唐代由州县地方官推荐参加进士考试。此处指通过乡试，考中举人。
② 苏子容：即苏颂，字子容，宋代杰出的天文学家。

译 文 我还没中举时，曾将《左传》分类编纂，讲礼仪的做一类，讲音乐的做一类，讲军事的做一类，讲卜筮的做一类，嘉言善行的做一类，这样容易记。还没来得及编成，因为其他事耽搁了。以前苏颂将历史背得烂熟，苏东坡问他，他答道："我曾将某年某月的大事依次记下，编纂一遍；又将某类大事记以某年某月，又编纂了一遍，编来编去，就背熟了。"苏东坡说："我哪本书不这么下功夫啊？但还是记不住，你竟能记得这么牢！"大概熟记历史应该这样做。(《李榕村集》)

一二一

后世情伪①之变，无所不有。读史乃炼达人情②之学。《左传》尚不能备后世情伪，若《汉书》，则几备矣。(《李榕村集》)

注 释 ① 情伪：真诚和虚伪，即真假的意思。
② 炼达人情：通晓待人处世之道。

译 文 后世真假之变，无所不有。读史是通晓待人处世的学问。《左传》还没有记载完备后世真真假假的人情世故，《汉书》则差不多完备了。(《李榕村集》)

一二二

凡文字不可走了样子。《史记》创一个样，后来史书，硬依他叙记；诸文韩昌黎创一个样，后来亦便依他。其初创为者都非常人，若后来不是此等人，生要创为，便不成样。(《李榕村集》)

译 文 写文章著书，遣词造句不能走样儿。《史记》开创了一个样式，后来的史书，硬要学他记事的方式；

韩愈开创了各类文章的样式,后来的人也学他的样子。初创者都不是一般人,如果后人不是和他们一样有天分的人,硬要如此做,就不成样了。(《李榕村集》)

一二三

静中工夫,惟闲时可用。孔明自二十六岁出来,日倥偬①于戎马之间,曾无刻暇,而曰"学须静也,才须学也"。想他天资高,时时将心提起,用着实落工夫来。(《李榕村集》)

注 释 ① 倥偬:匆忙紧张。

译 文 静心的功夫,只有闲暇时可用。诸葛亮二十六岁出山,每天戎马倥偬,没有片刻闲暇,但还说"学须静也,才须学也"。想他天资高迈,时时刻刻不忘静心学习,并把这种想法用到实处,终于取得成就。(《李榕村集》)

一二四

朋友要取直谅①,自己受益。不受尽言②者,始于予智,终于至愚。夫子称舜好问好察,不必贤智之言始足听也。耕问奴、织问婢,他所素习,必胜于我。武侯天资高,曰"广咨询",曰"闻过必改,而无吝色",曰"吾心如秤,不能为物作轻重"。故功虽未成,而信格③神明,势倾天

下。当时称服，了无异词；后世传诵，久而弥光。(《李榕村集》)

注释 ① 直谅：正直诚信。
② 尽言：言无不尽。
③ 格：感通。

译文 朋友要交正直诚信的，这样自己才能受益。不能接受别人坦诚谏言的人，开始时自夸聪明，最后证明是最愚蠢的。孔子说大舜好请教、好观察，不一定必须是贤智之言才值得听。耕种问奴隶，织布问婢女，他们时常使用的技艺，一定胜于自己。诸葛亮天分高，还说要"广咨询"，说"闻过必改，没有不高兴的脸色"，说"我的心是一杆秤，但不用来称物品的轻重"。虽然诸葛亮没有成功，但他的诚心感动神明，权势压倒天下。不但当时的人们佩服他，没有非议；后世也传颂他，时间越久越辉煌光大。(《李榕村集》)

一二五

徐元直①说："俗儒不知世务，识时务者为俊杰。"武侯云："刘繇、王朗各据州郡，论安言计，动引圣人……今岁不战，明年不征，使孙策坐大，遂据江东。"正所谓"俗儒"也。(《李榕村集》)

注释 ① 徐元直：即徐庶，字元直，汉末三国时期人物，与司马徽、诸葛亮为友。

译文　徐庶说:"庸俗的读书人不通时务,认清当下的形势的人才是俊杰。"诸葛亮说:"刘繇、王朗各自占据了几个州郡,讨论太平,商量计策,动辄就引用圣人的名言……然而今年不征战,明年不征战,让孙策做大了,很快占领了江东。"这就是徐庶说的"庸俗的读书人"。(《李榕村集》)

一二六

学问须是熟。梅定九于历算,四十年工夫,尚不能熟。读书不熟,终不得力。魏伯阳所谓"千周万遍"也。(《李榕村集》)

译文　学问必须要精熟,梅定九对历算,下了四十年功夫,还是不能纯熟。读书如果不熟,最终就不会得力。这就是魏伯阳所说的"千周万遍"吧!(《李榕村集》)

一二七

读书不透,多亦无益。然未有不多而能透者。(《李榕村集》)

译文　读书如果读不透,读得多也没用。但没有读不多而能读透的。(《李榕村集》)

一二八

人无所得，虽读得"三通"①，高谈雄辩，证佐纷罗，其归如搦②冰然，初非不盈把，渐搦渐消，至于无有。所以读书以实得为主。（《李榕村集》）

注释 ① 三通：唐朝杜佑的《通典》，宋朝郑樵的《通志》，元朝马端临的《文献通考》。
② 搦（nuò）：拿着。

译文 为读书而读书的人一无所获。虽然读得《通典》《通志》《文献通考》，高谈阔论，旁征博引，但最终就像手里拿着块冰一样，刚开始手里不是没有一大把，可是越拿越小，最后啥也没了。所以读书人一定要以实际所得为主。（《李榕村集》）

一二九

学问之道，最怕他地方派断。如李中孚①幼为孝子，长为高士，半世读书，所著论多未谛当②，以关中派断故也。（《李榕村集》）

注释 ① 李中孚：即李颙，字中孚，陕西周至人，清初著名理学家。李颙出生时起源于北宋的"关学"已衰落，所以其幼时读书时，并无师承。
② 谛当：恰当。

译　文　　做学问的道理，最怕一个地方的学术派别不能延续下去。比如李中孚小时候是孝子，成年后是高士，读了半辈子书，所著作品很多不精确、妥当，这是关中学派已经衰落了的缘故。（《李榕村集》）

一三〇

欲搜"廿一史"中取其有关于修齐治平之要者，仿东莱《大事记》为一编。又搜历代典制沿革及后世如何可以通行者，略仿《通考》，各著为论为一编。（《李榕村集》）

译　文　　我想从二十一部正史中，整理出有关修身、齐家、治国、平天下的重点，仿照吕祖谦编的《大事记》出一本书。再搜集历代典制沿革及值得后世效法的内容，大概仿照《文献通考》，各编纂成一本论著。（《李榕村集》）

一三一

今专门之学甚少，古来官制、田赋、冠服、地理之类，皆无精详可据之书，此等必时时考究得原原本本，确有条贯①方好。不然，随便著作，有何关系？（《李榕村集》）

注　释　① 条贯：做事的顺序。

译 文 如今专一研究一类学问的著作很少,古代的官制、田赋、冠服、地理等,都没有精详可考的书,这些必须一朝一代研究得原原本本,确实有条理才好。不然的话,随便著作一番,对社会有什么益处呢?(《李榕村集》)

一三二

巨鹿、昆阳①,皆以少胜众。项羽一战而骄,诸侯膝行而前,气焰太露;光武②一味收敛,伯升为更始所杀③,夜间泪湿枕席,平居却不露声色,便是成事气量。(《李榕村集》)

注 释 ① 巨鹿、昆阳:巨鹿之战,秦末项羽率领诸侯联军以少胜多,基本摧毁了秦军主力。昆阳之战,身为偏将军的刘秀以少胜多击败新军主力,为起义军最终推翻王莽的统治奠定了基础。
② 光武:指刘秀,起兵反抗王莽,建立东汉,谥号光武帝。
③ 伯升为更始所杀:伯升即刘秀兄长刘縯,字伯升。更始即刘玄。刘玄攻灭新朝后称帝,年号更始。刘玄称帝后因忌惮刘縯的功劳,将其杀害。

译 文 巨鹿之战、昆阳之战,都是以少胜多的著名战例。项羽巨鹿之战后就骄傲自满起来,诸侯在他面前跪地前行,项羽的气焰太嚣张。光武帝一味地收敛,他的

哥哥被更始帝杀害，光武帝夜间泪湿枕席，平时却不露声色，这就是成事的气量。(《李榕村集》)

一三三

作史全要简洁，《蜀志》①后主二年终岁止八字，曰："劝农殖谷，闭关息民。"只此的是良史才。(《李榕村集》)

注 释 ①《蜀志》：指《三国志·蜀书》，西晋陈寿所著《三国志》是二十四史中评价最高的"前四史"之一。

译 文 撰写历史最重要的一点是简洁，《三国志·蜀书》蜀后主二年，全年只用八个字作了概括，即"劝农殖谷，闭关息民"。作者陈寿是很好的撰写历史的人才。(《李榕村集》)

一三四

场①言某门人陈大章最熟《通鉴》，检得其中疏误处，便作一篇文字辨驳之。闻其师谓之曰："不消如此，只注其下云'应作如何'足矣。宇宙间几部大书，譬如祖父遗训，万一偶误，只好说'我当日记得是如此'，若侃侃辨证，便非立言之体。"元生曰："正是如此。今人读程朱书，于其道理精纯处，毫不理会，至于地名、人名、制度，偶然疏舛，便当作天来大事，狂呼大叫，累幅不休。虽说得是，亦令人厌。所谓'辞有体要②'也。"(《李榕村集》)

注　释　① 场：人名，生平事迹不详。
② 体要：体现精要。

译　文　　场告诉我，某人的学生陈大章最熟《资治通鉴》，检查出其中的疏漏错误之处，便写成一篇文章进行辩驳。听说他老师对他说："不值得这样做，只要在正文下面做注解'应该是怎样'就可以了。世界上几部大书，好像是长辈的遗训，万一偶有疏误，只好说'我当天记得是如此'，如果侃侃而谈地去辨证，就不是著书立说的体例。"元生说："正是如此。今人读程朱的书，在道理精纯的地方，毫不理会，至于地名、人名、制度，偶然有错误，便当作天大的事，狂呼大叫，喋喋不休。虽然说得对，也令人讨厌。这就是所谓的'言辞要切实而且切要'。"（《李榕村集》）

一三五

　　为申饬①学校事。本部院奉命督学、考试畿南一道，行已告竣。见其俗尚朴厚，士子行文可观者，所在不乏，未尝不心为慰喜。然风土差殊，或有师友渊源之异，或有师生敎②学勤惰之别，以故诸生童佻达③城阙④者多，矻矻⑤穷年者少。平日学植既落，临事剽窃应文，根株浅薄，词采干枯，谬体相沿，理法不讲。自诸生甚者一县无可充优等，而新进童子不能及额，皆由师儒玩愒⑥姑息，不修厥事之过也。今朝重尔教职之选，分别流品，一以举贡代匮,庙堂责成之意,宜各念知。其自今顾名自爱,大变因循积弊,相与立为教学规条,月考岁计,至本部院科试⑦程士⑧之日,蒸蒸一变,是则金口木舌⑨弗懈之效也。凡读书作文,须有根底,今士子徒诵几篇坊刻时文,又不能辨其美恶高下,但以选者之丹黄⑩为趋舍,浮词填胸,千里一轨,遇题目相近,剽剥⑪不让,公然相袭,不复知有剿说⑫雷同之禁也。间或理致⑬及典实⑭题样与所习相左,则荒疏杜撰,无一语中肯綮者。何则?理致精微,非平日体认真切,熟于诸儒讲说源流,敷辞安能动洽理趣?若典实题则或系礼乐、名物、井田、学校、制度之属,或称引唐虞、夏、殷、周帝王贤圣德美功业之类,非略览《易》《诗》《书》《春秋》诸经,晓其故实事迹,但就时文中搜摘应副,甫脱口而谬戾⑮不可胜言矣。今将责士子淹该⑯经史,骤未易至。若沉潜经书,使先儒理解融会通贯,自是诸生分内事。至于他经即不能尽究其全,固当略涉其趣,随其天资分量,左右采获,积累既多,造意措词,亦自略有本原,而坐⑰进淹茂⑱矣。(《榕村别集》)

注 释 ① 申饬:告诫。

② 敩(xiào):教导。

③ 佻达:轻薄放荡。

④ 城阙:本指城门两边的瞭望楼,此处特指京畿地区。

⑤ 矻(kū)矻:勤勉用功的样子。

⑥ 玩愒（kài）：贪图安逸。

⑦ 科试：清代各省学正到各州府考察应乡试的生员。

⑧ 程士：考核士子。

⑨ 金口木舌：指以木为舌的铜制木铎，古代施行文教时手摇木铎引人注意。

⑩ 丹黄：赤黄色，古代圈点书册用的颜料。此处泛指对文章的评价标准。

⑪ 剽剥：抄袭。

⑫ 剿说：抄袭别人的言论。

⑬ 理致：经文义理。

⑭ 典实：典故史实。

⑮ 谬戾：荒谬乖戾的言论。

⑯ 淹该：精通。

⑰ 坐：因此。

⑱ 淹茂：即阉茂，十二支中戌的别称。戌本意有灭的意思，此处意指凤凰涅槃的新境界。

译文　　为告诫学校事。本部院遵奉朝廷的旨令督察畿南一带学校的教学、考试情况，已经结束。看到风尚质朴厚重，学生作文好的不乏其人，未尝不在内心感到欣慰、喜悦。然而，由于风土人情差别很大，或师承不同，或老师教学、学生学习的勤奋懒惰之别，所以各位生童轻薄放荡于京城的很多，长年累月勤勉用功的很少。平时的学业既已荒废，事到临头才抄袭应付为文，根底不深，十分浅薄，言词干瘪少文采，荒谬的体例相沿袭，道理法式不讲究。以致虽然生童很多，但一个县也没有一个可以列入优等的，新近入学的也达不到数额，这都是因为老师贪图玩乐，宽容姑息，不尽心本职工作的过错。如今朝廷重视教师选拔，区分等级，一并用荐举之法弥补师资的不足，朝廷监督做好教育的意旨，你们应该各自牢记。从今天开始，顾惜名声，自重自爱，完全改变按老办法做事的毛病，和学生订立教与学的规章制度，月考年核，到本部院考核士子的时候，希望效果为之大变，这才是毫不松懈施行文教的效应。凡是读书做文章，必须有一定根基，如今士子只背诵几篇书坊刻印的应试之文，也不能分辨它们的美丑高下，只依靠考官圈画的重点为取舍。浮躁的言辞填满胸膛，九曲千里走的是同一条道，遇到相似的题目，那就互不相让地公然抄袭，再也不知道有抄袭而致雷同的禁忌。至于遇到经文义理与典故史实等题目样式与日常准备的大相径庭的考题，就胡乱编造杜撰，没有一句话能说中要害。为什么呢？经文义理精细微妙，不是平日里体味领会得真切、对诸儒的讲解源流十分熟悉，敷衍的词句怎能与义理融洽？如果是典故史实的题目，属于礼乐、名物、井田、学校、制度等类目，或引证尧、舜、夏、殷、周帝王及圣贤们的美好德行、伟大功业等内容，不概览《易》《诗》《书》《春秋》等经书，了解其中的史实事迹，只是根据时文搜索摘录应付，刚一张嘴荒谬乖戾的言论就不可尽言。如今将要求士子博学精通经史，着急是不易达到目的的。至于潜心研习经典，能将先儒的学问融会贯通，这原是士子分内的事。对于其他经书，虽然不能全部研读，也应该稍微涉及其中的意趣，依照各自的天分，多方面吸收，积累得多了，写作的时候使用词语、表达意思也大体上有本源，因此进入了新境界。(《榕村别集》)

一三六

余姚黄宗羲曰："士之不学，由专工于时艺也；时艺之不工，由专读于时文也。故嘉隆以前之士子，皆根柢经史，时文号为最盛，固未尝以之流行坊社间也。万历丁丑冯具区集籍中名士文，汇刻二百余篇，名《艺海元珠》；至癸未，具区为房考[1]，刻书《一房得士录》，此京刻之始也。然壬辰尚缺三房，乙未缺一房，至戊戌而十八房始备。娄江王房仲《阅艺随录》，此选家之始也。辛丑遂有数家。自是以后，时文充塞宇宙，经史之学，折而尽入于时学矣。"(《明文英华》[2])

注释 [1] 房考：也称房官，明清时乡试、会试分房阅卷的考官。
[2] 《明文英华》：清代顾有孝辑，该书被毁禁。

译文 余姚黄宗羲说："士子们不读书，由于一心学习八股文章；八股文章不能精熟，因为一心阅读应试的范文。所以嘉靖、隆庆以前的士子，都以经史为基础，科举应试的时文很盛行,但还没有在民间刻坊流行。万历丁丑年冯具区汇编簿中名士的文章,共刻两百多篇,取名《艺海元珠》;到癸未年,冯具区成为分房阅卷的考官,刻书《一房得士录》,这是京城刻印时文书籍的开始。但壬辰年还缺三房,乙未年缺一房,到戊戌年,十八房考官的书才都有了。娄江王房仲的《阅艺随录》,是选录诸位进士文字的开始。辛丑年就有好多家。从此以后,时文充塞各地,经史之学只好屈服,而被纳入时文的范畴。"(《明文英华》)

一三七

杨子常曰:"十八房之刻,自万历壬辰《钩元录》始;旁有批点,自王房仲(士骐)选程墨始。至乙卯以后,而坊刻有四种:曰'程墨',则三场主司及士子之文;曰'房稿',则十八房进士之作;曰'行卷',则举人之作;曰'社稿',则诸生会课之作。至《一科房稿》之刻,有数百部,皆出于苏、杭。而中原北方之贾人,市买以去,天下之人,惟知此物可以取科名、享富贵。此之为学问?此之谓士人?而他书一切不观。昔邱文庄当天顺、成化之盛,去宋元未远,已谓士子有登名前列,不知史册名目、朝代先后、字书偏旁者,举天下而惟十八房之读,读之三年五年,而一幸登第,则无知之童子,俨然与公卿相揖让,而文武之道,弃如弁髦①。嗟乎!八股盛而"六经"微；十八房兴而廿一史废。昔闵子马[2]以原伯鲁[3]之不说学，而卜周之衰。余少时见有一二好学者，欲旁通经史而涉古书，则父师交相谯呵[4]，以为坎轲不利之人，岂非所谓患失而惑者与？若乃国之盛衰、时之治乱，则亦可知也已。"（《明文英华》）

注释 ① 弁（biàn）髦：古代男子成年后脱掉皮弁、剃去垂髦，比喻弃置无用之物。
② 闵子马：春秋时期鲁国人。闵子骞的父亲。
③ 原伯鲁：春秋时期周人。闵子马听说原伯鲁不乐于学习，推断原氏家族将会衰亡。后来原伯鲁之子参与子朝之乱，被诛杀，原氏灭亡。
④ 谯（qiáo）呵：喝骂，责备。

译文 杨子常说："十八房的文章被刻印成书，从万历壬辰年间的《钩元录》开始；而正文旁有批注圈点的，则从王房仲（字士骐）选录具有一定程式的应试文字开始。乙卯年以后，民间刻坊四种书籍，一种叫'程墨'，收录的是掌管三场考试的主考官及应试者的文章；一种叫'房稿'，收录的是十八房进士们撰写的文章；一种叫'行卷'，收录的是举人们撰写的文章；一种叫'社稿'，收录了诸生结社交流的文章。从《一科房稿》刊刻开始，已经有几百部之多，都出自苏、杭一带。中原、北方的商人，从苏、杭购买去，天下的读书人，都知依靠此书可以进士及第，享受富贵。这也叫学问？

这也配叫士人吗？可是其他的书一本也不看。以前邱文庄处于天顺、成化年间的太平盛世，离宋、元两朝不远，已说士子只知自己名字登在前列，却不知史书的名目、朝代的先后乃至字书的偏旁部首。全天下只读十八房的书，读上三年五载，可以一举及第，那些无知的小孩儿，正儿八经地与公卿大臣交往、应酬；然而对文治武功的道理，就像抛弃废物一样，再不理睬。哎呀！八股盛行而六经衰微；十八房兴盛而二十一史被弃。以前闵子马根据原伯鲁不谈论学习的事，推断出他的家族必然衰亡。我少年时看到一两个好学的人，想效仿他们在贯通经书史书的同时涉猎古书，但父亲和老师轮番斥责我，认为他们是没有前途的人。这难道不是所谓担心有损失而自己欺骗自己的人吗？从中也可以看到国家的盛衰、时代的治乱啊！"（《明文英华》）

一三八

万季野①语余曰："子于古文信有得矣。然愿子勿泥②也。唐宋号为文家者八人，其于道粗有明者，韩愈氏而止耳，其余则资学者以爱玩而已，于世非果有益也。"余辍③古文之学，而求经义自此始。（《望溪集》④）

注　释　① 万季野：即万斯同，字季野，清初著名史学家。
② 泥：拘泥，守旧。

③ 辍：停止。
④《望溪集》：桐城派代表人物方苞的作品集，方苞，字灵皋，晚年号望溪。

译文 万斯同跟我说："你对古文的研究很有见地。但愿你不要拘泥于此。唐宋能文者有八大家，其中对道的阐释略微清楚的，只有韩愈，其他人则给学习者提供了玩赏的文章而已，不一定真的于世有益。"我停止了对古文的学习，从此开始研究经义。(《望溪集》)

一三九

先君子有言："自晚周秦汉以来，治文术①者，代降而卑，皆以为气数使然。非也。古之以文传者，未或见其诗；以诗鸣者亦然。唐之中叶，始有兼营而并善者，然较其所能，则悬衡②而不无俯仰矣。自宋以降，学者之于文术，必遍为之，夫是以各涉其流，无一能穷源而竟委也。"(《望溪集》)

注释 ① 文术：文章写法。
② 悬衡：即天平，指轻重相等，势均力敌。

译文 先君子曾经说："自从晚周秦汉以来，研究文章写法的，随着时代的推进地位日益低下，都以为这是历史发展的必然结果。其实并非如此。古代以文章传世的，还没有见过他们的诗歌；以诗歌鸣世的也是这样。到了唐代中叶，才有文章、诗歌都写得好的，但比较他们所擅长的，都差不多势均力敌没有高下之分。自宋代以来，学者研究文章写法，必定个个擅长，然而他们仅仅是各自涉足到了支流，但没有一个能穷尽源头而探究原委的。"（《望溪集》）

一四〇

凡案头必不可无古人书，如《言行录》①《伊洛渊源》②之类，使心目常常与古人相接，自然意思不同。如止看诗文，恐溺于世俗。（陆桴亭③《思辨录》）

注释 ① 《言行录》：即朱熹编纂的《名臣言行录》。

② 《伊洛渊源》：即朱熹编纂的《伊洛渊源录》，主要记录宋代理学家周敦颐、程颐、程颢及其门下弟子的言行。

③ 陆桴亭：即陆世仪，字道威，号刚斋，晚号桴亭，明末清初著名的理学家、文学家。

译文 大凡案头一定不能没有古人的书，如《言行录》《伊洛渊源》等，使自己的心灵和眼睛常与古人相接，自然就会与常人不同。如果只看诗文，恐怕要沉溺于世俗。（陆世仪《思辨录》）

一四一

凡读书须识货，方不错用功夫。如"四书"、"五经"、

《性理》、《纲目》，此所当终身诵读者也。水利、农政、天文、兵法诸书，亦要一一寻究①，得其要领。其于子史百家，不过观其大意而已，如欲一一记诵，便是玩物丧志。（陆桴亭《思辨录》）

注释 ① 寻究：查考研究。

译文 读书一定要识货，才不会下错功夫。如"四书"、"五经"、《性理》、《纲目》，这都是应该终身诵读的。水利、农政、天文、兵法等书，也要一一查考研究，得其要领。至于子史百家，能了解大意就行了，如要一一记诵，便是玩物丧志了。（陆世仪《思辨录》）

一四二

记诵之功，读史不必用，若"四书"、"五经"、《太极》、《西铭》之类，必不可不成诵；不成诵，则义理不出也。（陆桴亭《思辨录》）

译文 记忆背诵的功夫，读历史书籍可以不用，如果读"四书"、"五经"、《太极》、《西铭》等，则必须要背诵；不熟背的话，义理就悟不出来。（陆世仪《思辨录》）

一四三

书籍之多，千倍于古，学非博不可，然汗牛充栋，将如之何？偶思得一读书法，欲将所读之书，分为三节，自五岁至十五为一节，十年诵读；自十五岁至二十五为一节，十年讲贯；自二十五至三十五为一节，十年涉猎。使学有渐次，书分缓急，则庶几学者可由此而程功①，朝廷亦可因之而试士矣。所当读之书，约略开列于后。

十年诵读：《小学》（文公《小学》颇繁，愚欲另编《节韵幼仪》）。"四书"（先读正文，后读注）。"五经"（先读正文）。《周礼》（柯尚迁者佳）。《太极》《通书》《西铭》。《纲目》（先读编。又有《历世通谱》《秋檠录》②等书，载古今兴亡大概，俱编有歌括，宜先讲读）。古文（宜先读《左传》，其《国策》、《史》、《汉》、八大家，文理易晓，易于记诵，俟十五岁后可也。予近有《书鉴》一编，专取古文中之有关于兴亡治乱者，后各为论，使学者读之，可知古今。似可备览）。古诗（《离骚经》、陶诗，宜先读。予近有《诗鉴》一编，专取汉唐以后诗之有合于兴观群怨者，后各为论。似可备览）。各家歌诀（凡天文、地理、水利、算学诸家，俱有歌诀。取其切于日用者，暇时记诵）。

十年讲贯："四书"（宜看《大全》）。"五经"（宜看《大全》）。《周礼》（柯尚迁注，近有《集说》，亦好）。《性理》（尚宜重辑。内如《洪范皇极》《律吕新书》《易学启蒙》《皇极经世》等书，俱宜各自为书，不必入集）。

《纲目》（宜与《资治通鉴》《纪事本末》二书同看，仍以《纲目》为主）。本朝事实。本朝典礼。本朝律令（三书最为知今之要）。《文献通考》（此书与《纲目》相表里，不可不讲）。《大学衍义》、《衍义补》（理学、经济类书之简明者，不可不讲）。天文书（宜专学历数）。地理书（宜详险要）。水利、农田书（有新刻《水利全书》《农政全书》）。兵法书（《孙子》《吴子》《司马法》《武备志》《纪效新书》《练兵实纪》俱宜讲究。按：以上四家，苟非全才，或专习一家亦可）。古文（《左》《国》《史》《汉》、八大家）。古诗（李、杜宜全阅）。

十年涉猎："四书""五经"。《周礼》（以上参看注疏及诸家之说）。诸儒语录。二十一史。本朝实录及典礼、律令诸书。诸家天文。诸家地理（各省《舆地志》，或旁及堪舆家）。诸家水利农田书。诸家兵法。诸家古文。诸家诗。

以上诸书，力能兼者兼之，力不能兼，则略其涉猎而专其讲贯。又不然，则去其诗文。其于经济中或专习一家，其余则断断[3]在所必读，庶学者俱为有体有用之士。今天下之精神，皆耗于帖括矣，谁肯为真读书人，而国家又安得收读书之益哉？（陆桴亭《思辨录》）

注释 ① 程功：衡量功绩。

② 《秋檠录》：著者不详，书中记录从伏羲到明武宗

的历代帝王。

③ 断断：确实，绝对。

译 文　如今书籍之多，千倍于古代，做学问非博不可，但汗牛充栋，这可怎么办啊？偶尔想了一个读书法，要将所读的书，分为三节，从五岁到十五岁为一节，用十年时间来阅读背诵；从十五岁到二十五为一节，用十年的时间讲论研习；从二十五岁到三十五岁为一节，用十年的时间来广泛涉猎。这样让学习循序渐进，分出轻重缓急读书，那么学习的人也许可以由此而衡量读书的成绩，朝廷也可由此考试取士。应该读的书，大致罗列在后面。

十年诵读：《小学》（朱熹的《小学》很烦琐，我想另编《节韵幼仪》）。"四书"（先读正文，后读注）。"五经"（先读正文）。《周礼》（柯尚迁注释的最好）。《太极》《通书》《西铭》。《纲目》（先读编。又有《历世通谱》《秋獮录》等书，记载古今兴亡大概，都编有歌括，适合先讲读）。古文（应该先读《左传》《国策》《史记》《汉书》、八大家，文理易晓，易于记诵，等十五岁以后阅读也是可以的。我近来编写了一篇《书鉴》，专取古文中关于兴亡治乱的内容，后面各写了评论，让学习的人读了它，可知古今之事。可备阅览）。古诗（《离骚经》、陶诗，应该先读。我近有《诗鉴》一编，专取汉唐以后有助于"兴观群怨"的诗，后面各写了评论，可备阅览）。各家歌诀（凡天文、地理、水利、算学等，都有歌诀。选取日常生活经常用到的，抽空记诵）。

十年讲贯："四书"（应该看《大全》）、"五经"（应该看《大全》）。《周礼》（柯尚迁注释的，近有《集说》，也很好）。《性理》（尚宜重辑。内如《洪范皇极》《律吕新书》《易学启蒙》《皇极经世》等书，都可以各自为书，不必入集）。《纲目》（应该与《资治通鉴》《纪事本末》两书同看，仍以《纲目》为主）。本朝事实。本朝典礼。本朝律令（三书最为知今之要）。《文献通考》（此书与《纲目》相表里，不能不讲）。《大学衍义》《衍义补》（这是理学、政治类简明扼要的书，不可不讲）。天文书（应该专学历数）。地理书（应该详知险要地理）。水利、农田书（有新刻《水利全书》《农政全书》）。兵法书（《孙子》《吴子》《司马法》《武备志》《纪效新书》《练兵实纪》等都应仔细研究。按：以上四家，如果不是全才，专习一家也可以）。古文（《左传》《国语》《史记》《汉书》、八大家）。古诗（李、杜的诗应该全看）。

十年涉猎："四书"、"五经"、《周礼》（以上参看注疏及诸家之说）。诸儒语录。二十一史。本朝实录及典礼、律令诸书。诸家天文。诸家地理（各省《舆地志》，或涉及风水的）。诸家水利农田书。诸家兵法。诸家古文。诸家诗。

以上诸书，有能力全部看完就全部看完，如果力不从心，就略为涉猎一下，而集中精力到十年的讲贯研习上。十年讲贯研习也力不从心，那就去掉古文、诗歌。政治类要专心研习一家，其余的也都应该读，这样学习的人或许会成为有能力有作为的人。如今天下士子的精神，都耗在科举文字上，谁肯做真的读书人，而国家又怎能收到读书的好处啊？（陆世仪《思辨录》）

一四四

读史当以朱子《纲目》为主，参之《资治通鉴》，以观其得失；益之《纪事本末》，以求其淹贯①；广之二十一史，以博其记览②。然约礼之功，一《纲目》足矣。《资治通鉴》《纪事本末》犹不可不读，二十一史虽不读可也，备查足矣。（陆桴亭《思辨录》）

注释 ① 淹贯：深通广晓。
② 记览：记诵阅览。

译文 读历史应该以朱熹的《通鉴纲目》为主，并参考《资治通鉴》，以研判历代政治得失；再用《通鉴纪事本末》作为补充，以求对历史的深通广晓；再推广到二十一史，以扩大记诵阅览。但用礼仪做约束的功能，只要一部《通鉴纲目》就够了。《资治通鉴》《通鉴纪事本末》仍然不可不读，二十一史虽然不读也可以，以备查找就够了。（陆世仪《思辨录》）

一四五

二十一史列传甚冗乱，其诸志却不可不读，盖一代之礼乐刑政存焉，未可忽也。予尝欲去二十一史纪传，别取诸志合为一书，天文地理，各从其类，是诚大观①。《文献通考》，亦仿佛其意，但终不若独观一代，为睹一代之全耳。（陆桴亭《思辨录》）

注释 ① 大观：盛大壮观。

译文 二十一史列传很冗长杂乱，但其中各种志却不可不读，因为一个朝代的礼乐、刑政大体都收录其中了，所以不能忽视。我曾想删除二十一史中的帝纪和列传，将各志录出合编成一书，按照天文、地理进行分类，很是盛大壮观。《文献通考》也好像有这种用意，但总不如单独看一个朝代，能看清这个朝代的全貌。（陆世仪《思辨录》）

一四六

悟①处皆出于思，不思无由得悟。思处皆缘于学，不学则无可思。学者所以求悟也，悟者思而得通也。古来圣贤未有不重思者，思只是"穷理"②二字。（陆桴亭《思辨录》）

注释 ① 悟：领会。

② 穷理：穷尽事理。

译　文　　领会一件事全在于思考，不思考就领会不了一件事。思考全在于学习，不学习就不会思考。读书人之所以追求领会，领会就是经过思考后得到了贯通。古往今来，圣贤没有不重视思考的，思考可以用"穷尽事理"二字来概括。（陆世仪《思辨录》）

一四七

思如炊火，悟到时如火候①。炊火可以着力，火候着力不得，只久久纯熟，待其自至。然炊火亦有法，火力断续则难于熟，此孟子之所谓"忘"也。火力太猛则易至焦败，此孟子之所谓"助长"也。勿助勿忘，此中自有个妙处在。（陆桴亭《思辨录》）

注　释　① 火候：蒸煮、烧烤食物时，火力的大小和时间的长短。此处指悟道时电光石火的一瞬间。

译　文　　思考如同烧火做饭，领会到了一件事物，就像蒸煮、烧烤好了一份食物一样。烧火做饭可以用力，但火候需要把握，用力不得，只有长时间的蒸煮、烧烤，才能自然而然地煮熟、烤熟。但烧火做饭也有规律，火力断断续续就很难做熟，这就是孟子说的"遗忘"。火力太猛则容易烤糊，这就是孟子说的"拔苗助长"。不要拔苗助长也不要遗忘，这其中有个奥妙存在。（陆世仪《思辨录》）

一四八

读史有必不可少读书，如历代地图建置沿革、历代官制建置沿革、年号①考、甲子②考、帝王世系、帝王授受、建都考、历世统谱、《秋檠录》等书，俱不可少。意欲汇为一集，名曰《读史要览》，亦是便学者之事。（陆桴亭《思辨录》）

注　释　① 年号：我国封建王朝用来纪年的一种名号，汉武帝即位后首创年号。年号也表示年份。
② 甲子：古代以六十年为一个甲子。此处指历史事件发生的年份。

译　文　　阅读古代历史书籍，有必不可少的书籍要读。如历代地图建置沿革、历代官制建置沿革、年号考、甲子考、帝王世系、帝王授受、建都考、历世统谱、《秋檠录》等书，都不能少。我想把这些书编纂成一个集子，名叫《读史要览》，也是方便学者的事。（陆世仪《思辨录》）

一四九

读史须一气看过，则前后事连贯，易于记忆。（陆桴亭《思辨录》）

译　文　　读历史书，应该一口气看完，这样前后事件连贯，容易记忆。（陆世仪《思辨录》）

一五〇

读书连早起夜坐,"穷日之力",性敏者可得二百叶,评点、考索之功俱在内,更多则不能精察矣。《纲目》《通鉴》《纪事》三书,不下四万余纸,值二百日,其余日亦当反复玩味,优游涵泳①之功,是三书者亦可以无憾矣。(陆桴亭《思辨录》)

注释 ① 涵泳:反复咀嚼、悉心玩味。

译文 读书从早到晚,"用尽一天的力量",聪明敏捷的人可以看完两百页,这其中也包含点评、考证的功夫,如果再读更多,就不能精细考察了。《通鉴纲目》《资治通鉴》《通鉴纪事本末》三书本,超过四万多页,需要两百天能读完。其余的时间该反复玩味,悠然自得地反复咀嚼、悉心玩味,对这三部书来说,就没有什么遗憾了。(陆世仪《思辨录》)

一五一

或问:"天文系国家禁书?"非也。国家所禁,在占验之书,恐人妄言祸福。若历数则人人当知,亦国家所急赖①。(陆桴亭《思辨录》)

注释 ① 急赖:急需仰仗。

译文 有人问我:"天文类的书是国家禁书吗?"当然

不是。国家所禁止的，是占卜应验的书籍，担心人们没有根据地乱讲祸福。如果是历法书的话，那每个人都应该了解，这也是国家急需仰仗的。（陆世仪《思辨录》）

一五二

水利、农田是一事，两书可互相发①，能知水利，则农田思过半矣。（陆桴亭《思辨录》）

注释 ① 发：启发、补充。

译文 水利、农田是一回事，两种书可以相互启发、补充，能了解水利的情况，那么农田的情况经过思考，也就明白大半了。（陆世仪《思辨录》）

一五三

凡读书分类，不惟有益，且兼省心目。如《纲目》等三书①，所载大约相同，若《纲目》用心看过，则此二书，不必更用细阅，但点过便是。譬如复读，极省工夫，然须一齐看去，不可看完一部，再看一部，久则记忆生疏也。其余若理学书，如先儒语录之类，作一项看；经济书如《文献通考》、《函史》下编、《治平略》、《大学衍义补》、《经济类编》之类，作一项看；天文、兵法、地利、河渠、

乐律之类皆然，成就自不可量也。（陆桴亭《思辨录》）

注释 ①《纲目》等三书：指《通鉴纲目》《资治通鉴》《通鉴纪事本末》。

译文 把所读之书进行分类，不只有益，而且也省心。比如《通鉴纲目》《资治通鉴》《通鉴纪事本末》这三本书，所记载大概相同，如果《通鉴纲目》用心看过，那另外两本书，就不必更仔细地看了，只要大略看一遍就好。就好像复读一样，极其省工夫，但必须同时看这三本书，不能看完一部，再看一部，因为时间长了记忆就生疏了。其他像理学的书，比如先儒语录等，应作一类看待；政治类的书如《文献通考》、《函史》下编、《治平略》、《大学衍义补》、《经济类编》等，作一类看待；天文、兵法、地利、河渠、乐律等也一样，这样分类学习，成就就会不可限量。（陆世仪《思辨录》）

一五四

人一刻不进学，对草木亦可愧。馆中有隙①地种蔬，不数日已长成矣。因感记此。（陆桴亭《思辨录》）

注释 ①隙：空隙。

译文 人一刻不学习，感觉都不如草木。学馆中有块小空地种着蔬菜，不几日就长成了。因而有感，以笔记之。（陆世仪《思辨录》）

一五五

凡人所当读书,皆当自十五以前,使之熟读。不但"四书""五经",即如天文、地理、史学、算学之类,皆有歌诀,须熟读。(陆桴亭《思辨录》)

译文 凡是应该读的书,都应该在十五岁以前,让他背熟。不仅"四书""五经",就是天文、地理、史学、算学等,都有歌诀,应该熟读。(陆世仪《思辨录》)

一五六

近日人才之坏,皆由子弟早习时文。盖古人之法,四十始仕,即国初[1]童子试[2],亦必俟二十后方许进学,进学者必试经论,养之者深,故其出之者大也。近日人务[3]捷得,聪明者读摘段数叶,便可拾青紫,其胸中何尝有一毫道理知觉[4],乃欲责其致君泽民,故欲令人才之端,必先令子弟读书务实。昔人之患在朴,今人之患在文。文翁[5]治蜀,因其朴而教之以文也。今日之势,正与文翁相反。使民能反一分朴,则世界受一分惠。而反朴之道,当自教子弟始。有心世道[6]者,慎毋于时文更扬其波哉!(陆桴亭《思辨录》)

注释 [1] 国初:指清朝开国之初。
[2] 童子试:明清两代取得生员或秀才资格的考试。应

考者无论大小，都成童生。

③ 务：追求。

④ 知觉：领会。

⑤ 文翁：名党，字仲翁，西汉循吏，公学始祖。

⑥ 世道：修正世道。

译文　　最近人才败坏，都由子弟早习科举文章而起。大概古人的学习方法，四十才进仕做官，即使大清开国初年的童子试，也一定等到二十岁后才允许进入学校，进入学校的一定考经论，平日素养深厚，所以写出的文章就博大精深。近来人们追求捷径，聪明的读书人，寻章摘句拼凑数页文章，就可以身居高位，他胸中哪里有一丝一毫的道理可以领会，更不要说还要让他辅佐君主、治理百姓了。所以要让人才品行端正，必须先让子弟读书务实。前人的问题在过于朴实，今人的问题在太过文饰。文翁治蜀，因为人们朴实而教之以文饰。今天的情形，正好与文翁时候相反。让人能返一分朴，则世界受一分惠。而返朴之道，应该从教子弟开始。有心修正世道者，请谨慎对待时文，不要再为它推波助澜啦！（陆世仪《思辨录》）

一五七

洒扫应对进退，此真弟子事。自世俗习于侈靡，一切以仆隶①当之，此理不讲久矣。偶过友人姚文初家，见

其门庭肃然,一切洒扫应对进退,皆令次公执役②,犹有古人之风。文初,砚闻先生之后也。其高风如此。(陆桴亭《思辨录》)

注释 ① 仆隶:仆人。
② 执役:操持。

译文 洒扫庭院、迎来送往以及进退的举止,这都是弟子学生该学习的事。自从社会风气习惯了奢靡,洒扫庭院等都让奴仆来干,不讲这种道理很久了。偶然去朋友姚文初家,见他门庭整洁,一切洒扫庭院、迎来送往的事,都让姚文初操持,很有古人之风。姚文初,是姚砚闻先生的后人。他们家族高尚的家风真不错!(陆世仪《思辨录》)

一五八

师道①坏,则无贤子弟;无贤子弟,则后来师道愈坏。敝敝相承,吾不知其何所流极也。(陆桴亭《思辨录》)

注释 ① 师道:为师之道。

译文 为师之道坏了,就教不出贤子弟;没有贤子弟,那后来师道更坏。恶性循环,我不知道为师之道为何向极坏的方向发展。(陆世仪《思辨录》)

一五九

  致知工夫，莫备于六书，盖天地间一物必有一字，而圣贤制字，一字必具一理，能即字以观理，则格物之道在焉矣。许氏《说文》[①]，虽略存古人之意，而理有未备。吾友王子石隐作《六书正论》[②]，每字必据理精思，直穷原本，其精确处竟可作《尔雅》[③]读。为格致之学者，不可不知。（陆桴亭《思辨录》）

注释 ① 许氏《说文》：东汉时期著名的经学家、文字学家许慎，历30年编撰了目前可见的世界上第一部字典《说文解字》，规范了汉字的形、音、义。
② 王子石隐作《六书正论》：即王育所作《许氏说文解字六书论正》，此处文字有误。王育，字子春，一字石隐，清初学者。
③ 《尔雅》：辞书之祖，收集了丰富的古汉语词汇，被列入《十三经》。

译文   获取学问的功夫，明白了六种造字法就大概齐备了。天地间每一件事物都对应一个文字。圣贤造字，一个字必定附有一个道理，能通过这个字考察出一个道理，那么研究事物原理的办法也就在这里了。许慎的《说文解字》，虽然大概保留了古人的意思，也并非完全齐备。我的朋友王育撰成《六书论正》，每一个字都据理精思，直至穷尽本源，其精确的地方可以当成《尔雅》来读。那些格物致知的读书人，不能不

读这部书。(陆世仪《思辨录》)

一六〇

谢上蔡①见明道②,举史书成诵,明道以为玩物丧志。及明道看史,又逐行看过,不差一字,谢甚不服。后来有悟,却将此事作话头接引③博学之士。愚谓上蔡不服固非,即以此作话头接引博学之士,亦非也。凡人读书,皆不可稍有忽易④之心。亦不可徒存记诵之念。有忽易之心,则掩卷茫然,事理俱无所得;有记诵之念,则随人可否,事虽察而理或遗。故上蔡记诵,而明道以为玩物丧志者,惧其详于事而略于理也;明道看史,却又逐行看过,不差一字者,求详其事,将以深察其理也。凡读书之人,皆当以此为法,奈何⑤独以接引博学之士哉?(陆桴亭《思辨录》)

注释 ① 谢上蔡:即谢良佐,字显道,北宋理学家。师从二程。因其是河南上蔡人,故世称"上蔡先生"。
② 明道:即程颢,世称明道先生。
③ 接引:佛家用语,引导、教导的意思。
④ 忽易:马虎大意。
⑤ 奈何:如何,怎么。

译文　　谢上蔡拜访程颢,拿起史书就能背诵。程颢认为背诵史书是玩物丧志。但程颢阅读史书,却是一行一行地浏览，不漏一个字，谢上蔡很不服气。后来省悟了，就将这事作为话题来劝诫博学的读书人。我认为谢上蔡不服气本来就不对，他又拿这事做话题去劝诫博学之士，也是不对的。凡是人读书时，都不能稍有马虎大意的想法，也不可有一味追求记忆背诵的念头。有马虎大意的想法，一放下书就会茫然无知，对事物和道理一无所得；有记忆背诵的念头，就会人云亦云，虽然搞清楚了事物，却遗忘了道理。所以谢上蔡记忆背诵，而程颢认为他玩物丧志，担心他详细了解了事物但忽略了事物的道理；程颢读史书，却是一行一行的看，不漏一个字，则是为了详细了解事物，以深刻考察其中的道理。凡是读书做学问的人，都应该以此为法，哪能单独以此劝诫博学之士啊？（陆世仪《思辨录》）

一六

予尝欲辑兵书为三卷，曰道、曰法、曰术。道，只是道理。凡"四书""五经"中言兵处，如"教民七年"、"以不教民战"、《易》之《师》卦、《书》之"步伐"、《诗》之《车攻》《吉日》以及圣贤古今论兵格言，必有合于王者之道者乃取。法，则法制。如《司马法》《李靖兵法》及《纪效新书》《八阵发明》之类。术，则智术。如孙、吴兵法及古今史传所纪攻战之迹。令学兵者先知道，

次学法，次论术，庶体用①不淆而人才有造。（陆桴亭《思辨录》）

注释 ① 体用：体用是一对中国哲学范畴。体指具有根本性、本原性意义的天道，用指由根本的道化育流行而有的世间万物。也可指本体与现象。此处体指道，用指法和术。

译文 我曾想把兵书编辑成三卷，第一卷为道，第二卷为法，第三卷为术。道，就是道理。凡是"四书""五经"中涉及军事的内容，如"教导人民要用七年时间"，"让没有受过训练的人去作战"，《易经》中的《师》卦，《尚书》中的"步"与"伐"，《诗经》中的《车攻》《吉日》等，以及古往今来圣贤们讨论兵法的格言警句，必有符合王者之道的就可借取。法，即兵法规则。如《司马法》《李靖兵法》以及《纪效新书》《八阵发明》等。术，即战术技巧，如《孙子兵法》《吴子兵法》以及古今史书传记里记载的进战之法。让学习兵法的人先明白用兵之道，再学兵法规则，最后学习战术技巧，或许这样体用两者不易混淆，易于造就人才。（陆世仪《思辨录》）

一六二

孙、吴、司马法等七书，世谓之"武经"。然七书中惟《司马法》近正；《孙子》虽权谲①，然学兵者心术既正之后，亦不可不尽兵之变。至《吴子》则浅矣。其余若《尉缭》甚粗略。《六韬》《三略》《卫公问答》皆伪书，无足观。（陆桴亭《思辨录》）

注　释　① 权谲：权谋、诡诈。

译　文　《孙子》《吴子》《司马法》等七部兵书，世人都称它们是"武经"。但七书中只有《司马法》旨意纯正。《孙子》虽有很多权谋、诡诈，但学兵法的人端正心术之后，也不可不尽兵法的变化。至于《吴子》就浅近了。其他的如《尉缭子》很粗略。《六韬》《三略》《卫公问答》都是伪书，不值得看。（陆世仪《思辨录》）

一六三

兵家所言出奇制胜者多矣，言旗鼓步伐者少。出奇制胜之法虚，旗鼓步伐之法实，虚处聪明人自可会得，实处非学不可，犹之名物度数，即圣人亦不能生知也。《孙》《吴》不必言，即《通鉴》一书，凡言战攻处，孰非出奇制胜之法？惟旗鼓步伐，所传甚少。唐有《李靖兵法》，此其书也，然不得见全书，今仅存杜氏①《通典》所载。戚南塘②《纪效新书》，是从此书中脱出，故于旗鼓步伐之功独详，读者不知，以为戚公必有异人③传授，亦可笑也。（陆桴亭《思辨录》）

注　释　① 杜氏：即杜佑，字君卿，唐时官至宰相。
② 戚南塘：即戚继光，字元敬，号南塘，山东蓬莱人，明代军事家，抗倭英雄。
③ 异人：不寻常之人。

译　文　兵家所说出奇制胜之法的很多，说军队该如何指挥进行攻击的很少。出奇制胜之法是虚的，而该如何指挥进行攻击却是实的。对虚的东西，聪明人自然可以领会；而实的东西不学习不行，犹如名号物色、规则标准，圣人也不可能一生下来就知道。《孙子》《吴子》就不说了，就是《资治通鉴》这部书，凡是记录征战进攻的地方，哪一次不是用的出奇制胜之法？只那该如何指挥进行攻击被记录的很少。唐代有《李靖兵法》，这部书我们还不能见到它的全文，如今仅存在于杜佑的《通典》之中。戚继光的《纪效新书》，是以此书为基础撰成，所以对该如何指挥进行攻击的记载十分详细。读者不明白这个道理，认为戚继光必有不寻常之人传授指点，也很可笑啊！（陆世仪《思辨录》）

一六四

人欲知地利，须是熟看《通鉴》，将古今来许多战争攻守去处，一一按图细阅。天下虽大，其大形势所在，亦不过数项。如秦蜀为首，中原为脊，东南为尾；又如守秦蜀者，必以潼关、剑阁、夔门为险；守东南者，必以长江上流荆襄①为险。此等处俱有古人说过做过，只要用心理会。其或因事远游，经过山川险易，则又留心审视，默以证吾平日书传中之所得，久之贯通胸中，自然有个成局。其他琐碎小利害去处，俟身到彼处，或按阅图籍，或询问土人，当自知之，无庸②屑屑③也。（陆桴亭《思辨录》）

注释 ① 荆襄：湖北荆州、襄阳一带。
② 无庸：用不着。
③ 屑屑：匆忙劳碌的样子。

译文 人们要想了解地理形势，必须熟读《资治通鉴》把古往今来众多战争攻守的位置，逐一按地图仔细审阅。天下虽大，其中重要的地理位置，也就那么几处，如秦蜀是头部，中原是脊梁，东南是尾部；又如守卫秦蜀，一定要将潼关、剑门、夔门作为天险；守卫东南，一定将长江上游的荆襄地区作为险阻。这些地方都有古人专门讲过并且发生过战争，只要用心体会即可。如果因事往远方游历，经过山川险阻、平坦等处，就仔细地考察研究，并与日常从书中所得做印证，长期坚持，融会贯通，心中就会形成一个完整的格局。其他零碎但小有利害的地方，等亲身到了那里，或者阅读地图，或询问当地人，也就自然清楚了，用不着庸人自扰匆忙劳碌。（陆世仪《思辨录》）

一六五

地利只是"险阻"二字，山为险，水为阻。秦以一面东制^①诸侯，山为之也；长江天限南北，水为之也。推此以往，可以知地利矣。（陆桴亭《思辨录》）

注释 ① 制：制服。

译文 地利只是"险阻"两个字，山是险，水是阻。秦国只凭西边一处便可向东制服诸侯，是把险要的山作为屏障；长江天然划分出了南方和北方，是天堑阻隔的缘故。依此类推，便可了解到地理形势了。（陆世仪《思辨录》）

一六六

地势险易，古今亦有变更，不可尽据书传。昔当秦汉时，函谷至潼关八百里，其右阻河，其左傍山，道远险狭，敌来犯关，常在千里之外，故曰"秦得百二"^①。今闻河流渐北，中饶平陆，宽坦无阻，失其险矣。天下之古今异势者，岂特^②一潼关哉！（陆桴亭《思辨录》）

注释 ① 秦得百二：秦国人以二敌百。
② 特：仅仅。

译文 地势的险阻或平坦，古今也有变化，不可都看书上说的。昔日正当秦汉时候，函谷关到潼关八百里，右面黄河为险阻，左边依傍着崤山，道路遥远，险要狭窄，敌人来侵犯函谷关，常被阻挡在千里之外，所以说"秦国人以二敌百"。如今听说黄河逐渐北移，中部形成了富饶平坦的平原，宽广辽阔没有障碍，失去了其险要的形势。天下古今地理形势不同，难道只有潼关这一个地方吗？（陆世仪《思辨录》）

一六七

水利与农田相表里[①]，故善治水者，以水为利；不善治水者，以水为害。江南泽国，而土田日辟，以水为利也；西北高地，而每受河患，以水为害也。故善言水利者，必言农田。（陆桴亭《思辨录》）

水利只是"蓄""泄"二字，高田用蓄，水田用泄；旱年用蓄，水年用泄。其所以蓄泄之法，只在坝闸。知此数语，水利之道，思过半矣。（陆桴亭《思辨录》）

注释 ① 表里：外部和内部。

译文 水利和农田是一种表里关系，所以善于治水者，以水为利；不善于治水者，以水为害。江南多水泽之地，但土田一天天开辟起来，这就是以水为利；西北高原地区，却每每受到河患，这就是以水为害吧。所以善言水利者，必言农田。（陆世仪《思辨录》）

水利只是"蓄""泄"两个字，高田用蓄，水田用泄；

旱年用蓄，水年用泄。如何蓄泄的办法，则只在水坝和水闸。知道这几句话，水利的门道，已经能知道大半了。（陆世仪《思辨录》）

一六八

立身以力学为先，力学以读书为本。今取"六经"及《论语》《孟子》《孝经》，以字计之：《毛诗》三万九千一百二十四字；《尚书》二万五千七百字；《周礼》四万五千八百六字；《礼记》九万九千二十字；《周易》二万四千二百七字；《春秋左氏传》一十九万六千八百四十五字；《论语》一万二千七百字；《孟子》三万四千六百八十五字；《孝经》一千九百三字。大小九经合四十八万四千九十五字，且以中才①为率②，若日诵三百字，不过四年半可毕；或以天资稍钝，减中才之半，日诵一百五十字，亦止九年可毕。苟能熟读而温习之，使入耳着心，久不忘失，全在日积之功耳。里谚③曰："积丝成寸，积寸成尺；寸尺不已，遂成丈匹。"此语虽小，可以喻大。后生勉之。（郑耕老④《劝学》）

注 释 ① 中才：中等人才。
② 率：标准。
③ 里谚：民间谚语。
④ 郑耕老：字谷叔，福建莆田人，南宋学者。

译 文　　立身以努力学习为先，努力学习以读书为本。今取"六经"及《论语》《孟子》《孝经》，以字数计算：毛亨、毛苌编辑的《诗经》39124字；《尚书》25700字；《周礼》45806字；《礼记》99020字；《周易》24207字；《春秋左氏传》196845字；《论语》12700字；《孟子》34685字；《孝经》1903字。大小九经合484095字，现以中等人才为例，如果日诵300字，不过四年半就可完成；或者天资稍为迟钝，效率比中等人才减一半，日诵150字，九年也能完成。如果能熟读并复习，使这些书入耳着心，久不遗忘，则全在每日积累的功夫。民间谚语说："积丝成寸，积寸成尺；寸尺不已，遂成丈匹。"这话虽小，可以比喻广大。与后学们共勉。（郑耕老《劝学》）

一六九

读书当时虽极熟，久而不读亦必忘。其温习之法：若初读过书一卷，则一日温此一卷；其后读过二卷，则二日温一遍；三卷则三日温一遍……二百卷则二百日能温一遍，亦永不忘。此乃杨子、吴秘[①]之家传温书之法，如此既省工，又永永不忘之妙法也。（王虚中[②]《训蒙法》）

注 释　① 吴秘：字君谟，北宋学者。
　　　　② 王虚中：名日休，字虚中，南宋佛学家。

译　文　　读书的时候，虽然极其熟悉，时间长了不读也必然会忘记。复习的方法是：如果初读过一卷书，那就拿出一天的时间来复习这一卷；后来又读了第二卷，那再拿出两天的时间复习这两卷；学了三卷后，拿出三天复习三卷……学了两百卷后，拿出两百天复习两百卷，也就永不会忘记了。这是杨子、吴秘家传的复习方法，这样既省工，又是永久不忘的妙法。（王日休《训蒙法》）

一七〇

安定胡先生之主湖州学也，天下之人谓之"湖学"。学者最盛。先生使学者各治一事，如边事、河事之类，各居一斋，日夕讲究，其后从学者多为时用。盖先生教人务有实效，不为虚言也，是时孙公莘老名觉[1]、顾公子敦名临[2]，最为高第。（吕氏《童蒙训》）

注　释　① 孙公莘老名觉：即孙觉，字莘老，北宋经学家，苏轼、王安石的好友，黄庭坚的岳父。
② 顾公子敦名临：即顾临，字子敦，北宋经学家。

译　文　　胡瑗主持湖州府学，天下人都称他们是"湖学"。来这里求学的学者最多。胡瑗让他们各自深造一个专业，如边事、河事等，各自住一个房间，白天晚上不停地讲论研究，后来这些学者都被朝廷重用。因为胡瑗教学追求实际效果，不讲大话空话，当时孙觉、顾临，是胡瑗最得意的学生。（吕本中《童蒙训》）

一七一

田腴诚伯①笃实士，尝从横渠学，每三年治一经，学问通贯，当时无及之者。（吕氏《童蒙训》）

注 释 ① 田腴诚伯：即田腴，字诚伯，山东安丘人，北宋学者。

译 文 田腴是有真才实学的学者，曾经跟着张载学习，每三年集中学习一部经书，学问贯通，当时没有人能赶得上他。（吕本中《童蒙训》）

一七二

杨应之①学士②言："后生学问，聪明强记不足畏，惟思索寻究者为可畏耳。"（吕氏《童蒙训》）

注 释 ① 杨应之：北宋著名理学家邵雍的学生。
② 学士：官名，唐以后学士常从事代皇帝起草诏书、侍读、侍讲等工作。

译 文 杨应之学士说："晚辈后生们做学问，聪明记忆力强不值得我们敬畏，唯独善于思考、寻根问底的学习态度是值得我们敬畏的。"（吕本中《童蒙训》）

一七三

儿辈读书，惟务涉猎，都不精专，故每试辄蹶①。尝与之言，譬如用人，必平日与之共肝胆、忘形骸、绸缪②

胶结，曾无间然，临缓急时，自得其力；若只泛交及一面之识，平时饮酒燕笑，渠便肯来；一旦有事，则掉臂去。每见先辈读书，必有本头③，饭边枕上，都不放舍，虽与人看不得，然执此以往，取青紫④如拾地芥⑤，只是与之稔熟耳。(《小柴桑喃喃录》⑥)

注 释 ① 蹶：跌倒。

② 绸缪：缠绵，形容情谊深厚。

③ 本头：原指奏章，代指一本书。

④ 青紫：代指功名利禄。

⑤ 地芥：地上的杂草。

⑥《小柴桑喃喃录》：明代陶爽龄教导子孙的作品。陶爽龄是陶渊明后裔，因陶渊明是柴桑人，所以自名"小柴桑"。

译 文　　儿孙们读书，只知道广泛涉猎，都不精细专一，所以每次考试都摔跟头。曾经和他们说，就像你结交朋友一样，一定是平日与你肝胆相照、不分彼此、情谊深厚的人，两人亲密无间，遇到急事时，才能得到他们的帮助。如果只是泛泛的一面之交，平时喝酒欢聚他就来；一旦遇到事，他便甩开胳膊就走。每见前辈读书，手头必有一本书，吃饭睡觉，都不舍得放下，虽然有点见不得人，但长此以往，取得功名利禄就像拾地上的杂草一样，只是与他相熟罢了。(《小柴桑喃喃录》)

一七四

王景文①曰:"文章根本,皆在'六经',非惟义理也,而机杼②物采③,规模制度,无不具备者。"张安国④出《考古图》,其品百二十有八,曰:"是当为记⑤,于经乎何取?"景文曰:"宜用《顾命》。"《游庐山记事》将裒⑥所历序之,曰:"何以?"景文曰:"当用《禹贡》。"(《辞学指南》⑦)

注释 ① 王景文:即王质,字景文,宋代经学家、文学家。
② 机杼:织布机,代指文章的构思布局。
③ 物采:指文采。
④ 张安国:即张孝祥,南宋词人。
⑤ 是当为记:这本书当有一篇前言。
⑥ 裒(póu):聚集。
⑦《辞学指南》:宋代王应麟编写的针对宋代科举中词科的研究专著。

译文 王质说:"文章的根本之道,都在'六经',不只是文章的义理,构思布局,辞藻文采,规制法度,无不包含其中。"张安国编纂《考古图》,收录了128个文物品种,说:"这本书当有一篇前言,从经书中取哪一篇合适呢?"王质说:"可以用《尚书》中的《顾命》。"《游庐山记事》写完后,准备把游历四方的游记汇编成一册,问:"依照什么样式编纂呢?"王质说:"可以参考《尚书》中的《禹贡》,

那是最早最有价值的地理著作。"(《辞学指南》)

一七五

刘子厚[1]曰:"当先读'六经',次《论语》、孟轲书,皆经言。左氏、《国语》、庄周、屈原之辞,少采取之;谷梁子、太史公甚峻洁,可以出入。"(《辞学指南》)

注释 [1] 刘子厚:宋代学者。

译文 刘子厚说:"应该先读'六经',次读《论语》和孟子的著作,其中收录的都是经典言论。《春秋左氏传》《国语》《庄子》和屈原的《楚辞》,可以稍微摘取一些;《春秋谷梁传》《史记》十分简洁凝练,可以向其学习。"(《辞学指南》)

一七六

穷经之暇,各随自家聪明材质,专习一艺,或能兼通诸艺更佳。如礼、乐、射、御、书、数及历象、兵刑、钱粮、治河之类,必精研习炼,实实可以措诸事业,不徒空谈其影响而已。(施虹玉《塾讲规约》[1])

注释 [1] 施虹玉《塾讲规约》:施璜,字虹玉,明代休宁人,执教紫阳书院时制定了九条《塾讲规约》。

译文 研读经书的空隙,各自根据自己的聪明材质,专门学习一项技艺,如能兼通各种技艺更好。如礼、乐、射、御、书、数及历象、兵刑、钱粮、治河等,一定要精研勤练,实实在在地用在事业实践中,不只空谈它们的影响。(施璜《塾讲规约》)

一七七

陶公①读书,止观大意,"不求甚解"。所谓"甚解"者,如郑康成②之"礼",毛公③之《诗》也。世人读书,正苦大意未通耳。今者朝读一书,至暮便竟,问其指归④,尚不知所言何事,自云"吾师渊明"。不惟自误,更以教人,少年倦于讨求,从之而废。凡我同人,若遇此辈,所谓"损友",绝之可也。(《钝吟杂录》⑤)

注释 ① 陶公:指陶渊明。

② 郑康成:郑玄,字康成,汉代经学家,曾注释《仪礼》《周礼》《礼记》三书。

③ 毛公:一般指毛亨,秦末汉初学者,毛遂的侄儿,曾学于荀子,以注释《诗经》闻名。毛亨的后人毛苌也参与了注释《诗经》。

④ 指归:主旨大意。

⑤ 《钝吟杂录》:明末清初诗人冯班撰写,涉及经学、诗法文论、读书法等内容。

译文 陶渊明说他自己读书,只看大意,"不求甚解"。所谓"甚解",那得像郑玄注释"三礼"、毛亨注释《诗经》

一样。世人读书，真正苦恼的是不能理解书的大意要旨。今人早上读一本书，晚上就读完了，问他书中的主旨大意，并不知道所言何事，甚至为自我开脱说："我在学陶渊明的'不求甚解'"。这样不只耽误了自己，如果让他教导别人，从小就厌倦探求，跟着他学就废了。凡是我的同道中人，如果遇到此辈，就是"损友"，可以跟他断绝关系。（《钝吟杂录》）

一七八

为学要在小时，年长便不成。然年长矣，亦不可不勉。（《钝吟杂录》）

译文　　为学主要在小时候，年纪大了就不行了。但年纪大了，也不能不勉励他啊！（《钝吟杂录》）

一七九

吾见人家教子弟，未尝不长叹也。不读《诗》《书》，云妨于举业也。以余观之，凡两榜①贵人，粗得名于时者，未有不涉猎经史。读书好学之士，不幸而踬②于场屋，犹为名于一时，为人所宗慕。其碌碌不知书者，假令窃得一第③，或鼎甲④居翰苑，亦为常人，其老死无成者，不可胜记。岂曰学古不利于举业乎？又不喜子弟学道，脱⑤有差喜言礼义者，呼为至愚，不知所谓道者只在日用中。

惟不学也，居家则不孝、不弟，处世则随波逐浪，作诸不善。才短者犹得为庸人，小有才者往往陷于刑辟⑥，中世网⑦而死，其人不可胜屈指也。见三十年前，士人立身，尚依名教，相见或言《诗》《书》，论经世之务，今则绝无矣。（《钝吟杂录》）

注释 ① 两榜：唐代进士考试分甲、乙两科，清代以乡试、会试为甲、乙两榜。
② 踬：被绊倒。
③ 一第：进士。
④ 鼎甲：科举殿试名列一甲的三人，即状元、榜眼、探花。
⑤ 脱：倘若。
⑥ 刑辟：法律。
⑦ 世网：礼教、风俗等对人的影响。

译文 我看别人家教育子弟，没有不长吁短叹的。不让子弟读《诗经》《尚书》，说会妨碍考取功名。以我看，凡是两榜有名的学子，稍微在社会上有名气的，没有不涉猎经史的。读书好学的学子，不幸没有考取功名，还能闻名一时，被人尊敬羡慕。那些碌碌无为不看书的，即使侥幸考取了进士，或中了一甲，居于翰林，也不过是平常人，老死没有成就的，不可胜数。怎么说学古不利于功名呢？又不喜欢子弟学道义，倘若有喜欢谈论礼义的，便教训他愚蠢至极，殊不知，道义其实就在日常生活中存在。正因为不去学习，居家则不孝顺父母、不友爱兄弟，处世则随波逐流，作恶多端。才能低下的还能做个庸人，小有才气的往往被法律制裁，被风俗传统约束而死，这种人不可胜数。三十年前，读书人立身，还依靠名教，见面还谈论《诗经》《尚书》及经世致用的学问，今天却没有了。（《钝吟杂录》）

一八〇

每看古今书，见嘉言善行，凡有关于修齐治平之道者，即为圈点，日录数纸。与人聚谈时，随便将此当闲话，亦出亦巽[1]，总不过家常话，此有数意：一不空过此不复来之白昼；二不虚耗此不易得之茶饭；三不负此好朋友英年子弟不能常聚首时。（《小言》[2]）

注释 [1] 巽：谦虚。
[2] 《小言》：即《小言集》，清代学者王敬之撰。

译文 每看古今之书，见到嘉言善行，只要有关修齐治平之道的，都圈点一番，每天记数页纸。与人聚会聊天时，随便当闲话说出来，一边说一边保持谦虚的姿态，都变成家常话，这有好几层意思：一不白过这不再来的日子；二不虚耗这不易得的茶饭；三不负与这些好朋友、少年子弟们难得的聚会时光。（《小言》）

一八一

朱子论读书之法,谓始初一书费十分工夫,后一书费八九分,后则费六七分,又后则费四五分矣。此即所谓势如破竹,数节之后,迎刃而解。(《问学录》①)

注释 ① 《问学录》:清代陆陇其撰。

译文 朱熹谈论读书方法,曾说,刚开始时对一本书应该下十分功夫;再读一本书应该下八九分功夫;后读一本书应该下六七分功夫;又读一本书应该下四五分功夫。这就是所谓的势如破竹,剖开几个竹节后,剩下的就迎刃而解了。(《问学录》)

一八二

朱子《答江元德①》曰:"所喻《易》《中庸》之说,足见用心之切,其间好处②亦多。但圣贤之言,旨意深远,仔细反复,十年二十年尚未见到一二分,岂可如此才方拨冗看得一过,便敢遽然③立论,似此恐不但解释之义有所差错,且是气象轻浅,直与道理不相似。吾辈才举笔,不可不思此一段。何曾侍晋武帝宴,退谓诸子曰:'主上开创大业,吾每宴见,未尝闻经国远图,惟说平生常事,非贻④厥孙谋之道也,及身⑤而已,后嗣其殆乎!'吾辈才学文,不可不思此一段。"(《问学录》)

注　释　① 江元德：朱熹的学生。
② 好处：精彩片段。
③ 遽然：骤然、突然地意思。
④ 贻（yí）：遗留。
⑤ 及身：在世的时候。

译　文　朱熹《答江元德》说："你解释的《易》和《中庸》，足见你十分用心，其中精彩之处也很多。只是圣贤之言，旨意深远，需要仔细反复地研读，十年二十年也还见不到一分二分，岂能这样才忙里偷闲看过一遍，就轻易立论，这样似乎不但解释之义会有差错，而且整体轻浮浅薄，与圣贤的道理不相吻合。我们刚拿起笔，不可不思考这一段话。何曾侍奉完晋武帝司马炎的宴会，回家后跟儿子们说：'圣上完成统一大业后，我每次在宴会上看见他，从没听到过治国远谋的议论，只拉家常事，这不是传承给他的子孙的经久之道，江山恐怕止于现世而已，后辈恐怕危险了！'我们刚开始学写文章，不可不深思这一段话。"（《问学录》）

附录

《清史稿·周永年》

周永年，字书昌，历城人。博学贯通，为时推许。乾隆三十六年进士，与晋涵[1]同征修四库书，改翰林院庶吉士，授编修。四十四年，充贵州乡试副考官。永年在书馆好深沉之思，四部兵、农、天算、术数诸家，钩稽[2]精义，裒讥悉当，为同馆所推重。见宋、元遗书湮没者多见采于《永乐大典》中，于是抉摘编摩，自永新刘氏兄弟[3]《公是》《公非》集以下，凡得十余家，皆前人所未见者，咸著于录。又以为释、道有藏，儒者独无，乃开借书园，聚古今书籍十万卷，供人阅览传钞，以广流传。惜永年殁后，渐就散佚，则未定经久之法也。

出处 见赵尔巽等撰《清史稿第四十三册卷四百八十一·列传二百六十八·儒林二·周永年》，中华书局，1977年8月，第一三二一〇至一三二一一页。

注释 [1] 晋涵：即邵晋涵（1743年—1796年），字与桐，号二云，浙江余姚人。清代著名学者，史学家，经学家，与周永年同为乾隆三十六年（1771年）进士，同入四库全书馆任编修。

[2] 钩稽：也作勾稽，查考，审核。

[3] 刘氏兄弟：即北宋刘敞（1019年—1068年）、刘攽（1022年—1088年）兄弟。刘敞字原父，号公是；刘攽字贡父，号公非。二人生于临江新喻（今江西新余），庆历六年同科进士，同是著名学者、史学家。

章学诚《周书昌别传》

余去京师四年,春明故人,日益以远。今年邵晋涵与桐氏书来,言书昌病归狼狈,殊可念。俄[1]又书来,言书昌死矣,乾隆五十六年辛亥秋七月也。哀哉!

余自己丑庚寅间,京师闻书昌名,未得见。辛卯,始识与桐,欲访书昌。时二君甫[2]成进士,俱罢归铨部[3],意不自得,先后出都门。余亦游涉江湖,不遑[4]安处。

乙未入都,二君者方以宿望被荐,与休宁戴震等特征修四库书,授官翰林,一时学者称荣遇。而戴以训诂治经,绍明绝学,世士疑信者半。二君者皆以博洽贯通,为时推许。于是四方才略之士,挟策[5]来京师者,莫不斐然[6]有天禄、石渠[7]、句《坟》、抉《索》[8]之思,而投卷于公卿间者,多易其诗赋、举子艺业,而为名物考订与夫声音文字之标,盖骎骎[9]乎移风俗矣。

余因与桐往见书昌于"藉书"之园。"藉书园"者,书昌之志也。书昌故温饱,橐馁[10]于书,积卷殆[11]近十万,不欲自私,故以"藉书"名园。"藉"者,借也。尝以其意请余为《藉书目录》之序。余序之曰:

书昌尝患学之不明,由于书之不备;书之不备,由于聚之无方。故竭数十年博采旁搜之力，弃产营书，久而始萃[12]。今编目所录，自经部以下，凡若干万卷，而旧藏古椠[13]、缮钞希觏之本，亦略具焉。然书昌之志，盖欲构室而藏，托之名山。又欲强有力者为之赡[14]其经费，立为法守，而使学者于以习其业，传钞者于以流通其书，故以"藉书"名园。又感于古人"柱下[15]藏书"之义，以为释、老反藉藏以永久其书，而儒家乃失其法，因著《儒藏》之说一十八篇，冠于书首，以为永久法式。呜呼！书昌于斯，可谓勤矣。

夫古者官府守书，道寓于器，《诗》、《书》、"六艺"，学者肆于掌故而已。及其礼失官废，师儒授受，爰[16]有专门名家，相与守先待后，补苴[17]绝业。夫官不侵职，师不紊[18]传，其名专而易循，其道约而可守，是故书易求而学业亦易成也。

自学问衰而流为记诵，著作衰而竞于词章，考征猥琐以炫博，剽掠文采以为工，其致力倍难于古人，观书倍富于前哲，而人才愈下，学识亦愈以卑污，则专门之业失传，古职之失守，而学者无所向方故也。间有好学深思之士，能自得师于古人，而典亡学绝之后，闻见局于隅墟[19]，搜讨穷于寡陋，不幸不见天地之纯，古人之大体，而挟村书以守旂蒙者，遂得以暧姝[20]菌蠢[21]学一先生之言，不复深维终始[22]，则以书之不备，聚之无方，弊固至乎此尔。

孔子曰："多闻，择其善者而从之，多见而识之。"孟子曰："博学而详说[23]之，将以反[24]说约也。"士生三古[25]而后，苟欲有志乎官守师传之业，非有所独得者，固不可以涉猎为功，而未能博稽[26]载籍，遍览群书，亦未有以成其所谓独得之学，而使之毫发之无憾。此书昌之所以搜而聚,聚而藏,藏而籍录部次,以为永久之指也。

近世著录,若天一阁、传是楼、述古堂诸家,纷纷著簿,私门所辑,殆与前古艺文相伯仲矣!然或以炫博,或以稽数[27],其指不过存一时之籍,而不复计于永久;著一家之藏,而不复能推明所以然者,广之于天下。其智虑之深浅,用心之公私,利泽之普狭,与书昌相去当何如耶?

虽然,群书既萃,学者能自得师,尚矣。扩四部而通之,更为部次条别,申明家学,使求其书者,可即[28]类以明学。由流而溯源,庶几通于大道之要,而有以刊落夫无实之文词、泛滥之记诵,则学术当而风俗成矣!斯则书昌之有志而未逮[29],读其书者不可不知其义也。

书昌志既美而不就,当世亦复迁[30]之,故生平不得展其意气。四库馆开,既以凤望[31]被征,尝欲行其平日之见,尽表遗籍,设法劝诱,使人刊布流通,且为学者无穷之利。而己身与同列者,竭所知能,优游寝食其中,将以庶几得当,而于程功刻日[32],迁秩[33]叙劳,皆未有以计也。事多扞格不行。宋元遗书,岁久湮没,畸篇剩简,多见采于明成祖时所辑《永乐大典》,时议转从《大典》采缀,以还旧观。而馆臣多次择其易为功者,遂谓"搜取无遗逸矣"。书昌固执以争,谓其中多可录。同列无如之何,则尽举而委之书昌。书昌无间风雨寒暑,目尽九千钜册,计卷一万八千有余,丹铅标识,摘抉编摩。于是永新刘氏兄弟《公是》《公非》诸集以下,又得十有余家,皆前人所未见者,咸著于录。好古之士,以为书昌有功斯文,而书昌自是不复任载笔^[34]矣。

庚子辛丑之间，《四库全书》将竣，而馆阁被命特修之书，若《开国方略》《满洲源流》《职官表》《河源考》之类，指不胜屈，皆欲趣成，以入四库著录。馆阁撰述需人，翰林稍知名者，一人常兼数馆。又借才外曹^[35]，若进士、举、贡诸生未得官者，或藉以超资换阶，纷然竞赴功名之会，而书昌不得与，意泊如^[36]也。

书昌阔于世故，惟读书不欺。其与人也忠信，而自为谋，往往明大而疏于细，据其理不甚详察于事，人以是益迂之。

初入翰林，以谓"官清则贵有守，惟治生^[37]有具，乃可无求于人"。于是鬻^[38]间架，权市货，倩贾客为之居廛^[39]，俄而大耗其赀，则矍然^[40]省曰："商贾末也，力农本也，弃本逐末，我则疏矣。"则又傀^[41]田讲求艺植，倩农师为之终亩，凡再遇丰年，而傀田所获，不足偿其粪溉，则又矍然省曰："农夫耒耜^[42]，士之赘^[43]也。我不食业，而耕是谋，失吾本矣。"遂评辑制举之文，镌印万本，以为诸生干禄者资。其文多组织经史，沉酣典籍，意在即举业而反之，通经服古，自谓"庶几义为利矣"。然而应科举者多迂之，印本不售，而刻印赀多券质^[44]，责逋^[45]计子母^[46]，即鬻万本不足偿，于是至大狼狈。

凡书昌计治生，知其事者，无不规谏，虽妻子亦力阻，而书昌自喜益深。黠者^[47]或从中暗规其利，书昌又坦怀无逆亿^[48]，故以温饱之家购书，余蓄无几，至三变计而益愈不支。然其读书实深有得，而流俗视之，乃与言治生等。呜呼！人固不易知，知人读书之有所得，则更不易。

自孔氏之门，颜、曾、游、夏不专一律，孟子王齐反手[49]，身当七百名世，而井田封建，一则曰"闻其略"，再则曰"此其大略"，"诸侯之礼则未之学"。荀卿深明礼乐，详于制数，虽推施[50]不及孟子，而于入孝出悌，守先王之道，以待后之学者，实无愧焉。人岂可一律哉？自有谓坐言起行[51]，讥宋儒为无用者，于是经术渊闳之士，或于世事稍疏，即为儒者诟病，不知守先待后[52]，责固不轻，而书昌勤学而不为名，心公而无私于利，粹然古之醇儒。不知者讥其所见之偏，即知之者，亦徒震于学识之博，而于书昌之所自得者，则皆未有当也。

　　书昌于学，其大者溯源《官礼》。尝谓："宋儒以后，学统授受，学案异同，言人人殊，皆逐末而遗本。夫学安得有统？《周官礼》，千古之学统也；学安得有案？《春秋》礼，千古之学案也。"又曰："君子思不出位，'位'于古文同'立'，惟礼有定位，所以立不易方，'不知礼无以立也'。郑、孔诸儒之于《礼经》，往往张之，或失其位，《周官》之礼，遂失其传，而人且无所措手足矣。"故于宫室制度，登降仪节，讲求甚悉。以为学而不明于此，皆面墙[53]也。又曰："学必求诸身心，蕺山刘子[54]以后，遂无深造自得之学。其纷纷争宗旨者，市于学也。"旁涉佛藏，博综探索，自谓有得。尝谓："告子[55]言'生之谓性'[56]，人知其为佛氏所宗，不知彼谓'不得于言，勿求诸心'[57]，乃是阴辟[58]儒行，彼谓'不得于心，勿求诸气'[59]，乃是阴辟道流。"盖其意以儒者存养省察为反求诸心，道家飞伏修炼为求助于气也。闻者虽疑信不定，然其所见，卓然不可易也。

始余游京师，于书肆见伟丈夫，黝泽而髯，取肆书都目[60]，流览绝疾，似无所当意者，掉臂竟去。余微迹[61]之，益都进士李文藻也。后见书昌髯伟绝类李君，因悉李君志奇好古亦似书昌。时李已出为广东知县，与书昌往复搜刻山东前辈遗书，不遗余力。余恨未得交李君也。同时，聊城邓汝功、德州梁鸿翥，皆笃学嗜古，不为时名，推为山东士望。辛丑，李君卒广西同知，以诗别书昌，意谓梁、邓先后下世，以次及李，因拟[62]书昌为"鲁灵光"。今十年尔，而书昌又逝，悲夫！

书昌讳永年，书昌其字，自号"林汲山人"。其先浙江余姚人也。自高祖迁居历城。祖母刘以节孝旌[63]。考[64]堂[65]，国学生，善行闻于乡里。母王[66]，有淑德，闾党[67]称之。书昌乾隆三十六年进士，特授翰林庶吉士，散馆授编修，充文渊阁校理。乾隆四十四年，贵州乡试典试官。卒年六十有二。子震甲，乾隆四十五年举人。

余与书昌交，终始于与桐。居京师，尝困踬[68]少欢，过二君，辄忘患苦，能作竟日谈宴[69]。忆书昌方欲僦田治生，有老农为述田家乐事，娓娓入人[70]，余闻之意移，亦欲共书昌效彻田[71]遗意，独与桐谓未可信。余询其故，与桐曰："农田之必有利，犹读书之必有益也，农子闻大儒言读书之功，而舍其耒耜以求占毕[72]可乎？"余曰："我辈归老故山，得有田圃林泉之胜，三数知契[73]，衡宇[74]相望，弦诵之余，因而课耕问莳[75]，朝夕过从，人在士农之间，不亦可乎？"与桐、书昌皆色然[76]有慕。斯言犹在耳也，不知感慨系之矣！

与桐书言书昌且东归，自知不起，属[77]与桐寄语，俾余为传。余谓书昌不好名,传不足以慰地下也。若其读书有以自得,区区欲以己之所有公于斯人,则余与与桐所为心折者尔。

出　处　见《章学诚遗书》,文物出版社,据嘉业堂1920刊本影印,1985年,第181—182页,山东省图书馆馆藏古籍。

注　释　[1]俄:突然间,时间很短。

[2]甫:刚刚,才。

[3]铨部:即吏部,主管选拔官吏。这里指在吏部候缺。

[4]遑:闲暇。

[5]挟策:手拿书本。

[6]斐然:有文采,有韵味。

[7]天禄、石渠:即天禄阁、石渠阁,都是汉代宫内藏书阁名,比喻学识渊博。

[8]句《坟》、抉《索》:《坟》《索》都是先秦典籍,为先秦典籍做句读、编辑,指训诂、考据功夫很深。

[9]骎骎(qīn qīn):马跑得很快的样子,比喻事物发展变化很快。

[10]橐馁(tuó něi):橐,口袋。馁,饥饿。如饥似渴的意思。

[11]殆:几乎,差不多。

[12]萃:聚集。

[13]椠(qiàn):古代的刻本。

[14]赡(shàn):供给人财物。

[15]柱下:老子曾为周管理藏书的柱下史,故后世常以"柱下"为老子或老子《道德经》的代称。

[16]爰:于是。

[17]补苴（jū）：缝补，补缀，弥补缺陷。

[18]紊：乱。

[19]隅墟：也作隅虚，片面的见解。

[20]暖姝（shū）：自得的样子。

[21]菌蠢：像菌类一样短小丛生。

[22]深维终始：深入地通盘考虑。

[23]详说：详尽地解说。

[24]反：通"返"，回到，归于。

[25]三古：上古、中古、下古的合称，《汉书·艺文志》有"易道深矣，人更三圣、世历三古"的说法，唐代颜师古引三国魏孟康注曰："伏羲为上古，文王为中古，孔子为下古。"

[26]稽：考核。

[27]稽数：即"稽实定数"，是荀子提出的制名原则之一，通过考察事物实体的多少来确定数量名称。这里有凑数的意思。

[28]即：借此。

[29]逮：达到。

[30]迂：拘泥保守，不合时宜。

[31]夙望：往昔的声望，平素的声望。

[32]刻日：限定日期。

[33]迁秩：官员晋升。

[34]载笔：带笔记录王事，指史官。

[35]外曹：外面的部门。

[36]泊如：恬淡无欲的样子。

[37]治生：谋生计，治家业。

[38] 鬻（yù）：卖。

[39] 廛（chán）：街市商店的房屋。

[40] 戄（jué）然：惊惧貌。

[41] 僦（jiù）：租赁。

[42] 耒耜（lěi sì）：古代的一种翻土农具，后被改进，发展成梨，借指农具。

[43] 贽（zhì）：初次见面时赠送的礼物，引申为掌握的意思。

[44] 券质：质押借贷的契券。

[45] 责逋：索取拖欠的钱款。

[46] 子母：子，利息；母，本金。

[47] 黠者：狡猾的人。

[48] 逆亿：事先疑忌别人。

[49] 王齐反手：语出《孟子·公孙丑章句上》："以齐王，犹反手也。"意思是，齐王如用王道统一天下，易如反掌。

[50] 推施：施恩惠于他人。

[51] 坐言起行：坐下能谈论，起身能干事。

[52] 守先待后：承前启后，继往开来。

[53] 面墙：见识浅薄。

[54] 蕺山刘子：指明代理学家刘宗周（1578年—1645年），字起东，浙江绍兴人，因讲学于山阴蕺山，世称蕺山先生。

[55] 告子：战国时期思想家。《孟子·告子》记载，告子和孟子辩论过人性。

[56] 生之谓性：天生的本来状态称为本性。

[57] 不得于言，勿求诸心：语出《孟子·公孙丑上》，

关于对方语言的意思，还没弄清楚，就不要用心琢磨他的话有没有道理。

[58] 辟：排斥。

[59] 不得于心，勿求诸气：语出《孟子·公孙丑上》，对于一件事的道理，心里没弄明白，就要抑制自己的情绪不要动气。

[60] 都目：纲目，纲要。

[61] 微迹：暗中追踪。

[62] 拟（nǐ）：把……比作。

[63] 旌（jīng）：官府为忠孝节义的人立牌坊赐匾额，以示表彰。

[64] 考：死去的父亲。

[65] 堂：周堂，字明廷，周永年的父亲。

[66] 王：王氏，指周永年的母亲，齐河县王者度（字钦之）之女。

[67] 闾党：乡里，街坊邻居。

[68] 踬（zhì）：挫折，不顺。

[69] 谈宴：也作谈燕，一边宴饮，一边交谈。

[70] 入人：打动人。

[71] 彻田：垦治田地。

[72] 占毕：诵读。

[73] 三数知契：三五个知心好友。

[74] 衡宇：门上横木和房檐，代指房屋。

[75] 莳（shì）：移植、栽种。

[76] 色然：脸色为之变化。

[77] 属：通"嘱"，嘱托。

桂馥《周先生传》

周先生永年，字书昌，济南历城人。结茅林汲泉侧，因称"林汲山人"。

先生于衣服、饮食、声色、玩好一不问，但喜买书，有贾客出入大姓故家，得书辄归先生，凡积五万卷。

先生见收藏家易散，有感于曹石仓[1]及释、道藏，作《儒藏说》。约余买田筑借书园，祠汉经师伏生等，聚书其中。招致来学，苦力屈不就。顾余所得书，悉属之矣！

县令胡德琳延先生与青州李文藻，同修《历城县志》。即出其书，肆力搜讨。既成，学士朱筠目以详慎。

后成进士，欲入山治《仪礼》。被征纂修四库书，授翰林院编修、文渊阁校理。当是时，海内学人集辇下，皆欲纳交，投刺[2]踵门[3]，然深相知者，新安程晋芳、归安丁杰、虞姚邵晋涵数人而已。

借馆上书，属予为《四部考》。佣书工十人，日钞数十纸。盛夏，烧灯校治。会禁借官书，遂罢。

先生于经、史、百氏之言，览括略尽，观其大义，不讐[4]章句。自谓文拙，不存稿，故殁后无传焉。

论曰：北方学者，目不见书，又鲜师承，是以无成功。使先生讲授借书园中，当有一二后起者，顾吞志以殁，惜哉！朋辈多习浮文，逐虚誉。先生刋[5]落华藻，独含内美，学思坚明，识解朗悟，汪汪千顷陂[6]，岂涓溪沼沚之可徒涉[7]乎？其于先辈，雅慕顾亭林、李榕村、阎潜邱、方望溪；于乡人，则称张稷若[8]，斯可以得其志趋矣。

出 处 见周永年辑《先正读书诀（及其他一种）》卷首，中华书局，一九八五年新一版。

注 释 [1] 曹石仓：即曹学佺（1574年—1646年），字能始，一字尊生，号雁泽，又号石仓居士，福州侯官县人，明代官员、学者、藏书家。

[2] 投刺：通报姓名以求相见。

[3] 踵门：亲自上门。

[4] 雠（chóu）：校勘，校对。

[5] 刋（qiàn）：切。

[6] 陂（bēi）：池塘。

[7] 徒涉：徒步从水中走过去。

[8] 张稷若：即张尔岐（1612年—1678年），字稷若，号蒿庵，山东济阳人，精通"三礼"（《仪礼》《周礼》《礼记》）。